KOREKARA NO HONYA DOKUHON
SHINTARO UCHINUMA

NHK出版

はじめに

本が好きで、二〇〇三年、新卒で入社した会社を二か月で辞めて、フリーターになった。なんとか本の仕事で食べていけないかと考えていた。今年は二〇一八年なので、それから一五年が経ったことになる。

いまは東京・下北沢で「本屋B&B」という四五坪の新刊書店を経営している。「B&B」というのは「BOOKS & BEER」の略で、店内でビールを飲むことができる。また、毎日イベントを開催していて、平日は毎夜、土日祝は昼と夜二回、さまざまなゲストを招いて、平均で五〇人、最大で一〇〇人ほどの人たちが集まる。

自分の店以外にも、「NUMABOOKS」という屋号、「ブック・コーディネーター」という肩書で、本と人との出会いをつくる、さまざまな仕事をしている。一五年前のぼくからみれば、たいそう幸運なことだ。行政からあらゆる業種の民間企業まで、本に関する稀有(けう)な相談事が、主に出版業界の外側からやってくるようになった。新刊書店の経営者で、古本屋の社外取締役でもあり、昨年には出版社もはじめたので、内側の事情も複数の角度から痛感できるようになった。ときにプレッシャーに押し潰されそうになりながらも、携(たずさ)わらせてもらえることが増えていくのは、個人的にも大きな喜びとなっている。

本書は、本の仕事をしながら、本屋についてこの一五年間にわたってぼくが調べ、考えてきたことを、いま、本と本屋を愛する人たちに伝えておきたいと思って書いた本だ。

昔ながらの本屋がきびしい。背景にはもちろんインターネットとスマートフォンがある。一方で、小さな本屋をはじめる人が増えている。これは日本特有の現象ではなく、どうやら世界中の、特に読書人口が多い先進国では共通する流れのようだ。必ずしも儲かりはしない。けれど、本を愛する人が、本を愛する人のために本屋を開く。そこには大抵、これからの時代に継続していくための、従来の本屋にはない新しいアイデアがある。

本書はそのような、これからの小さな本屋像について知りたい、考えたいという人に向けて書いている。紹介している事例は日本国内のものが中心だが、隣国の韓国や台湾のことにも少しだけふれた。日本語で書いてはいるが、前提とする状況が似ている国の、世界中の同志たちに役立つ本にすることを目指した（翻訳版が出ればだけれど）。

本書で明らかにしたいことは三つある。本の流れに沿って説明する。

一つ目は、本と本屋の魅力。なぜこれほど厳しい、儲からないと言われながらも、皆が本屋に愛着をもち、続いてほしいと願ったり、自らはじめたりするのか。あらためてそれを明らかにしたい。まず、客の視点から整理する（第1章）。次に、そもそも本とは何であるのかを紐解いたのちに（第2章）、それを扱う本屋の視点から考える（第3章）。

二つ目は、本を仕入れる方法。小さな本屋を開きたいという情熱をもった個人がこれだけいるのに、その方法についてはなぜかまとまった情報がない。それを網羅し、明示したいと思う。流通の事情は各国で異なるので、このパートだけは日本ローカルの話だ。紙もグレーに色分けして、いわゆる「別冊」のつもりで書いた。必要な人だけ読んでほしい（別冊）。

三つ目は、小さな本屋を続けるための考え方。ここまでを前半の基礎編とすれば、ここからは後半の実践編といえる。まず小売業としての本屋について解説する（第4章）。そこから、本屋で生計を立てていくための「ダウンサイジングする」（第5章）と「掛け算する」（第6章）という二つのアプローチを挙げ、その実例としての鼎談（ていだん）を収録する（Talk）。その後、必ずしも本屋で生計を立てない「本業に取り込む」（第7章）と「本業から切り離す」（第8章）という二つのアプローチについて書く。最後に、ぼく自身のケースを紹介する（第9章）。

扱う対象の大きさに比して小さな本ではあるが、実務の傍ら書いたこともあり、執筆には丸三年かかった。本屋の書いた本なんてもう読み飽きたよ、という声が聞こえる気もする。けれど本書はたぶん、網羅性と実用性という点において、過去のどんな本とも違っている。

不十分であっても、見渡せる地図が、立ち戻れる教科書があるべきだ。若輩者が畏れながらも目指したのは、そういう本だ。

目次

第１章

本屋のたのしみ

何時間でもいられる

むかしから記憶をなくしやすい性質なのだけれど、折にふれて思い出してきたからか、本屋についてはまだましなほうだ。ひとりの客としての、本屋のたのしみとは何か。それを考えていくにあたって、まず個人的な記憶からはじめたい。本屋についての最初の記憶。ぼくにとってそれは、埼玉県浦和市、現さいたま市に住んでいた小学生のころの記憶で、二軒ある。

一軒目は、住んでいたマンションから少し歩いて、国道一七号線の向こう側、西友の手前にあった小さな新刊書店だ。残念ながら名前は忘れてしまった。外に雑誌架が並んでいた。小学館の学年誌のロゴが入った、専用のものもあった。中に入ると高い棚が、壁沿いと中央に二列ほどある。そこで「ケイブンシャの大百科」シリーズを立ち読みしたような記憶がうっすらとある。『コロコロコミック』から『週刊少年ジャンプ』まで、そこで買ったはずだ。店員はおじさんだったか、おばさんだったか。

気になってストリートビューで見てみると、だいたいの場所は特定できた。けれどもう、そこに本屋はなかった。同じ通り沿いにふたつ心当たりの物件があって、美容室かコインランドリーか、どちらが跡地かもわからない。けれど確かに、よく行っていた。

もう一軒は、たまに親に連れて行ってもらった浦和駅前のコルソというビルの中の、「須原屋（すはらや）コルソ店」だ。ここは二〇一八年現在、健在である。須原屋は創業一四〇年の歴史ある書店で、特に出版業界では、書店後継者二世を育てる「須原屋研修所」を運営していたことでよく知られている。現役の書店経営者の話にも、たとえば以下のような、須原屋のエピソードによく出会う。

> 恭文堂（きょうぶんどう）は昭和二（一九二七）年創業の老舗で、田中は三代目である。大学卒業後、埼玉県にある大手書店の須原屋で二年間修業したあと、この店のオーナー店長となった。
>
> 佐野眞一『だれが「本」を殺すのか』（プレジデント社、二〇〇一）四九頁

一九七五年から二〇〇六年まで、計一七七名の卒業生を輩出（はいしゅつ）しているという*から、当然かもしれない。とはいえそんなことを知る由（よし）もない、当時小学生の自分にとっては、そこは単に「大きな本屋」であった。

親が他店で買い物をしている間は、本屋に置いておかれるのが常だった。そのたびうろうろと歩いては、難しそうな背表紙の本を眺めて、世の中にはこんなにたくさんの本があるのだ、と圧倒されていた感覚が残っている。飽きることはなかった。親にはなるべくならもう少し、買い物をしていてほしかった。思えばこの頃から、本屋であれば何時間でもいられると思っていた。

途方もなさの構造

なぜ、何時間いても飽きないのだろうか。本が面白いからだ、と言ってしまえばそれまでだが、そこには本屋に来る客が、本という物体の構造を理解しているという前提がある。その前提が、空間としての本屋の途方もなさをつくっている。

一冊一冊、それぞれの本には、著者が何年もかけて取り組んだなにかが、紙に印刷され、綴（と）じられ、ページというかたちで内包されている。誰かの人生観さえ変えてしまうような物語や、何年もひとつの対象に密着して得られた知識や情報、何十年もひとつのテーマを追い求めた研究者がたどり着いた成果などが詰め込まれている。開けば、それをいつでも再生することができる。そして、それぞれの魅力が、背表紙の文字列や、表紙のビジュアル、全体の造本などに、パッケージとして凝縮されている。そのことを、本屋の客はみな知っている。

そして、それぞれの本に入っている膨大な何かを、端的に示す役割をもっているのが、背表紙と表紙である。おもに背表紙を、もっとも効率よく、美しく見せて並べるために設計されているのが、本棚という什器だ。一方、おもに表紙を美しく見せるためにある什器は、平台と呼ばれている。そして、この本棚と平台というふたつの什器を、もっとも効率よく並べるために設計されるのが、本屋の空間だ。

本を最小の構造体として、そのひとつひとつに物語や知識や情報があり、それらが背表紙や表紙に凝縮され、それぞれ本棚と平台を支えに、もっとも効率的に積み上げられている。そのような構造になっていることが直感的にわかれば、その空間の途方もなさは、子どもでも理解できる。これは一生かかっても、けっして読み切れないだろうと。よほど小さな本屋であっても、一冊一冊の先にひろがる世界をすべて知り尽くすのは、個人の限界を超えている。原理的にそもそも途方もないようにできていて、だから飽きない。

一番身近にある世界一周旅行

本屋を一周することは、世界を一周することに似ている。

世界のあらゆることについて書かれた本が存在する。今夜のおかずのレシピからグローバル資本主義まで、バッタの生態から現代宇宙論まで、うまい棒図鑑から高級時計カタログまで。

本は何でもありだ。以下は、とある風変わりな図書館を描いた小説の一節。

表紙には厚ぼったいラベルが糊（のり）づけされていて、その貼紙には緑色のクレヨンで、太々と題名が書きこまれていた。

『ホテルの部屋で、ロウソクを使って花を育てること』
チャールズ・ファイン・アダムズ夫人著

「すばらしい題ですね」わたしはいった。「この図書館には、このような本はまだ一冊もありません。これがはじめてですよ」

リチャード・ブローティガン『愛のゆくえ』（早川書房、二〇〇二）一五頁

もちろんこれはフィクションで、実際に「ホテルの部屋」で「ロウソク」を使って「花を育てる」ことについての本は、ぼくの知る限り存在しない。とはいえ、いつか誰かが書けば、それは存在してしまう。なにせ、日本の出版流通に乗る本だけで、年間八万点が出版され続けているのだ。この世界の何についてであっても、一冊の本として凝縮され、存在し得る可能性が

開かれている。そのように考えると、本屋を一周すれば、世界のあらゆるものに出会う可能性があるということになる。

もちろん、インターネットも世界に似ている。インターネットでは、世界中のあらゆる人のさまざまな営みが、日々情報として可視化され続けている。けれどそれはほとんど無限にひろがっていて、いま自分がどこにいるのか、相対的な位置というものがない。どれだけリンクからリンクへと点をたどっていっても、一周することができない。本屋が地図で見渡せるひとつの世界だとしたら、インターネットは果てしなく広がる宇宙空間のようだ。

本屋は有限で、そこを実際に足で歩いて一周できる。本屋に訪れる客の様々な欲望に応(こた)えるべく、一定の秩序があり、あらゆる本が棚に並べられている。

本は世界そのものであり、世界の尖端で打ち震える何かの化身なのかもしれない。われわれは、この世界にふれたい、この世界のことを理解したいという深い欲望を抱いています。そして世界を理解しようとする探究のはじまるちょうど入り口のところに、いつもモノとしての本がある。われわれはその本を実際に手にとり、そこから未知の世界のリアリティにおそるおそる手をのばしてゆく。こうした意味での世界でもあり本でもあるような何かは、誰にたいしてもつねにひらかれているはずです。

今福龍太『身体としての書物』（東京外国語大学出版会、二〇〇九）一五頁

すべての本屋は、様々な世界への入り口の集合体だ。飽きることがないのは当然だ。駅前のロータリーに、商店街の片隅に、デパートの上階に、ショッピングモールの一番奥に、世界一周の旅への扉がひらいている日常は、なんと豊かだろうか。

旅支度のたのしみ

だから本や読書は、よく旅にたとえられる。一冊一冊の本にはそれぞれの世界があり、本を読むということは、その本の世界の中に入っていき、旅することだと。

また同様の視点で、逆にあらゆるものが、本にたとえられる。

少年　でも、そんなところ、飛べやしないね。（笑う）

天文学者　飛ぶ？　（ひどく生真面目だ）

空は飛ぶためにあるんじゃないよ。

空は読むためにあるのだ。

空は知るためにあるのだ。

空は一冊の本だ。

寺山修司「飛びたい」『ジオノ・飛ばなかった男』（筑摩書房、一九九四）所収 九五頁

あらゆる世界が本のなかにあり、同時に、あらゆるものが本のように読み得る。そして同じものを読んでも、誰もが違うものを読み取る。同じ目的地に旅しても、人によって見ているものや、感じたことや考えたことが違い、違う旅になるように、同じ本を読んでも、百人いれば百通り、印象に残った箇所や、感じることはばらばらだ。ひとつとして、同じ読書というものはない。

だからときには、危険な旅になることもある。

カフカやヘルダーリンやアルトーの本を読んで、彼らの考えていることが完全に「わかって」しまったら、われわれはおそらく正気では居られない。書店や図書館という一見平穏な場が、まさに下手に読めてしまったら発狂してしまうようなものどもがみっしりと詰まった、殆ど火薬庫か弾薬庫のような恐ろしい場所だと感じるような、そうした感性を鍛えなくてはならない。

佐々木中『切りとれ、あの祈る手を』（河出書房新社、二〇一〇）三〇頁

本屋に並んでいる一冊一冊が、何が起こるかわからない旅への切符のようなものだ。本屋で過ごす時間は、いわば旅に出る前の、準備の時間に似ている。どこに行くか考え、いくつかの場所について調べる。決めたらフライトやホテルを取り、必要なものを揃え、荷づくりをする。その一連の時間にしかない、独特の楽しさがある。旅好きの中には、そうした旅支度の時間のほうが、実際に旅をしている時間よりも楽しいという人さえいる。

本屋を回りながらあれこれと、背表紙を眺めたり興味のあるものを手にとったりすることの楽しさは、それに似ている。これを買ったらいつ、どこで読もうか。この本に書かれた物語を体験する自分、知識や情報を得る自分を想像する。そのような、本屋で本を選ぶ時間もまた、ときに本を読むことと同じか、それ以上に楽しい。結果として、読み切れない量の本を買いこみ「積ん読」することとなり、部屋に本が増えていくことを嘆きながらも結局、それを楽しんでいる人も多いはずだ。

本屋は出会いの場

もうひとつ、「本は人である」というたとえも、よくされる。本の所持が禁止されている近未来を舞台にした、最も有名なSF作品においても、主人公のモンターグは次のように言う。

「（……）そこではじめて本のうしろには、かならず人間がいるって気がついたんだ。本を書くためには、ものを考えなくちゃならない。考えたことを紙に書き写すには長い時間がかかる。ところが、ぼくはいままでそんなことはぜんぜん考えていなかった」

レイ・ブラッドベリ『華氏451度〔新訳版〕』（早川書房、二〇一四）八八頁

本には、著者や編集者など、その本をつくった人が必ずいる。その本が物語であれば、そこには登場人物がいる。そして世界のどこかに、自分以外にも同じ本を読んでいる読者がいる。どんな本でも、その本の向こうに、さまざまな人の存在をみることができる。

話し合える人や、わかり合える人が少ない環境に身をおかれたときは、本が先生となり、友達にもなる。本の中には、あらゆる国の、あらゆるタイプの人がいて、生きている人だけでなく、死んでしまった人にも会える。この本をつくった人はどんな人だろう、この本を読んだ他の誰かはどんなことを考えただろう、とつくり手や読者を想像する。本ほど簡単に、自分の好きなペースで、多様な人に出会えるものはない。

だから本屋は、人と出会える場所でもある。出会いはアクシデントだ。たまたま教室で席が隣だった人と一生の友達になったり、同じ職場につとめていた人と結婚して一緒に子どもを育

てたりするのは、珍しいことではない。限られた一期一会（いちごいちえ）の中で、たまたま出会った人との間で、生活が変わっていく。同じように、ふらっと入った本屋で、たまたま目に入って、何の気なしに手に取った本を買い、部屋の隅に積んだまましばらく忘れていて、ふと気が向いて読んでみたことが、人生を大きく動かすようなことがある。

見知らぬ土地で、たまたま同じ宿に、ことばの通じる人がいたから、話しかけてみる。ひとりでふらりと入った居酒屋で、隣の人とたまたま話して、少し盛り上がったから、連絡先を伝えてみる。慣れなければ勇気のいることだけれど、相手が本なら簡単だ。背表紙や表紙を見て、気になったら少し立ち読みをしてみる。自分がページをめくったときだけ、その人はあらわれる。

だから本屋は、教室であり、職場であり、宿であり、居酒屋である。駅でもあり、広場でもあり、ＳＮＳでもある。いろいろな人と、偶然に隣り合わせる。機会があればゆっくり話でもしてみるのもいいな、という本を見つけたら、いつ読むかわからなくてもとりあえず、気軽に買って帰ることができる。

目的の本が見つかるよろこび

人はどんなときに本屋に行くだろうか。

もちろん、時間さえあればいつでも、毎日のように立ち寄るという人もいるだろう。けれどたとえば、政治について一から学びなおしたい。スパイスを調合するところからカレーをつくりたい。月の満ち欠けを撮った美しい写真集をながめたい。そういう具体的な目的が先にあって、該当する本を買いに行くこともあるはずだ。あるいは、大先輩から読むように勧められた。友達が面白かったと言っていた。新聞の書評で見かけた。そういう特定の本を手に取るべく、探しに行く。

いまは多くの人が、インターネットを使うかもしれない。知りたいことが決まっているなら、政治もカレーも月の満ち欠けも、検索すればある程度の情報は出てくる。

けれどインターネットで調べても情報が多すぎる。あるいは浅すぎる。まとまっていない。そういったときには、本を手に取りたくなる。買う本を決めているなら、Amazonなどのネット書店で購入すれば、早ければ当日か翌日には届く。けれど買う本が決まっていても、届くまで待ちきれず一刻も早く欲しいときや、現物を見てから買うかどうか決めたいとき、目的に沿った本を見比べて買いたいときなどは、ネットよりもリアルの本屋が便利だ。

そのように目的がはっきりしているときは、在庫が多いほど見つかる可能性は高くなるから、たいていの場合、店も大きいに越したことはない。目的どおりの本が見つかると、この本屋はさすが品揃えがいいな、とうれしくなる。

あたらしい興味に出会うよろこび

けれど本屋の魅力は、必ずしも目的の本が見つかることだけではない。たとえば「芸術」のコーナーに行く。けれど「写真集」のところには、欲しいと思っていたような、月の満ち欠けを撮った写真集は見つからない。むしろ、以前に美術館で見て気になっていた、昔のパリを撮影した写真集が欲しくなる。迷いながらも、次は「理工学書」のコーナーに行く。「宇宙」と書かれた棚の前に行くと、欲しかったような写真集が何冊かあった。けれどすぐ横に、天体観測の入門書が置いてあった。そういえば昔買った望遠鏡が納戸の奥に眠っていたことを思い出す。結局、目的の写真集ではなく、昔のパリの写真集と、天体観測の本を買って、満月の夜に望遠鏡をのぞいてみることにした。

こんなふうに、結果的に目的とは違う本が欲しくなることもまた、本屋の魅力のひとつだ。未知の出会いを求めるときは、旅先を散歩するときのように、ぶらぶらと歩くのがいいと思う。見知らぬ路地に入っていき、ふと目にとまった店に入るような感覚で、普段ならまったく行くことのないジャンルの棚に行ってみる。

男性なら、女性誌の棚。女性なら男性誌。医者でなければ医学書、受験生でなければ受験参考書などがわかりやすい。自分の日常生活からはほど遠い、知っているようで知らない世界がそこにある。医学書をながめて「自分の身体はこういう知識をもとに診察されているんだ」と想像をめぐらせることも、気象予報士の問題集をめくって「これで勉強した人が天気を予想しているのに、それでも確実じゃないのか」とその困難を疑似体験することもできる。

　さすがに自分から遠すぎるなと思えば、隣の列をのぞいてみる。せっかくあらゆる世界への扉がそこに開いているのだから、目的の棚にだけ行って、目的の本だけ探すのでは、もったいない。たまに隅々を散歩してみると、いかに自分の視野が狭くなっているかということに気がつく。そうやって、新たな興味が増えていく。

　最初から、世界が狭く偏（かたよ）っている本屋もある。特定分野の専門書店や、趣味が色濃く出ていることを売りにしている本屋などだ。こちらもそれを承知の上で、むしろそれを望んで、店に行く。世界が狭いぶん、深くて広がりがあるから、店の棚に潜（もぐ）っていく独特のおもしろさがある。こういう本屋を何軒もめぐるのも楽しい。

　なかには、欲しい本に自然と出会わせてくれる本屋もある。先日買った天体観測の本のおかげで、満月の夜に無事、月を見ることができた。今度は、個人経営で感じのいい小さな本屋に行く。するとたまたま、先日買わなかった、月の満ち欠けを撮影した写真集がある。パラパラとめくると、やはりプロが撮ったものは違うと感心し、今度はその写真集が欲しくなる。そして横には、岩波文庫の『竹取物語』が置いてあった。そういえばかぐや姫は月に帰るんだ、小さなころに絵本でしか読んだことがなかったな、ということに気づく。するとつい、二冊とも買わされてしまう。

　別の日に来てみると、また同じ写真集が入荷しているが、今度は横に、ウサギの生態の本が置いてある。月にはウサギがいるってことかと、ニヤッとする。そもそも大型書店で「生物」と書かれた棚にでも行かない限り、出会わないような専門書だ。それまで動物の生態に興味を持ったことがなく、そんな本の存在さえ知らなかった。けれどまるで罠を仕掛けられたように、なんだか興味がわいてきて、またつい買ってしまう。

　目的の本が見つかることと、あたらしい興味に出会えること。このふたつのよろこびは、個人的なもので、比べようがない。よい本屋とは何かと聞かれたら、自分にとってそのどちらか、あるいは両方がある本屋だ、とぼくはこたえる。

本屋は大きいほどよいか

そうした本屋のよろこびについて考えたとき、本屋は「大きいほどよい」のだろうか。

　一般的には「大きいほどよい」とされる。たしかに大きいほうが単純に、たくさんの本があって楽しいし、目的が決まっているときはとくに、探しているものがみつかる確率が高くなる。

けれど一方で、小さな本屋で目的の本をみつけたときのよろこびは、相対的に大きくなる。こんな小さな本屋に、探していた本があった。まるで自分のことをよくわかってくれているような気持ちになり、うれしくなる。逆に、大きな本屋では、なんでも揃っていることを期待するぶん、目的の本がみつからないときは、途方に暮れる。こんなに大きな本屋なのに、なぜないのか。この本屋はだめだ、やはりネットで買えばよかった、と怒りさえわく。大きな本屋ではたらく人にとっては理不尽な話だが、よろこびだけを比べれば意外に、一長一短かもしれない。

とはいえ、大きな本屋があるのは便利だ。二〇一八年現在の日本においては、都心部と、そこから少し離れた地域では、やや事情が異なる。都心部にいると、ターミナル駅の近くなどに、何十万冊、何百坪といったサイズの大きな本屋が、まだいくつもある。大きな本屋があって当然の日常に慣れているから、「大きいほどよい」と感じる機会は相対的に少ない。しかし少し離れた地域に行くと、きちんとした品揃えの大きな本屋など最初からないか、もしくは撤退している。本が買える場所はコンビニエンスストアと、なんとか生き残っているが品揃えの乏しい本屋しかない、ということも多い。本が好きで、そうしたところに暮らす人の間では、「とにかく大きな本屋がほしい」とずっと渇望されているぶん、「大きいほどよい」という感じかたが根強い。

では目的とは違う、あたらしい興味に出会わせてくれるのは、大きな本屋か。ここは意見がわかれるところだ。たとえば五百人集まるパーティと、五人で開催する飲み会があったとして、その先も付き合うことになるような、あたらしい友達と出会える確率は、どちらが高いか。おそらくあまり変わらない。五百人の中から気の合いそうな人を選んで声をかけていくのが得意な人もいるだろうし、最初から五人しかいない飲み会でひとりひとりと話していくほうが得意な人もいるだろう。本屋も同じで、大きいほうがあたらしい興味と出会えるという人もいれば、小さいほうが出会いやすいという人もいるはずだ。それは必ずしも大きさと関係がない。

本屋は世界一周旅行のようだと書いたけれど、その世界の広さもまた、必ずしも本屋の床面積の大きさに比例しない。たとえば「人文・社会」というコーナーに置いてあるのが、新興宗教の本とスピリチュアル系の本、タイトルに哲学とか思想ということばが入った入門書と、ベストセラーになった本が少しだけ、というような本屋は、残念ながら日本中にたくさんある。

店構えがきちんとした本屋に本が分類されて並んでいると、その分類の網羅性やバランスについては、訪れるほうも無意識に信頼してしまうだろう。そこでもし、ある分野がごっそり抜けていたり、特定のものに偏っていたりすると、それは人の世界の認識を狭くさせ、ゆがませてしまう危険をはらんでいる。毎日その本屋に行く人にとって「人文・社会」とは、その大部分を新興宗教とスピリチュアルが占めるものだ、ということになりかねない。床面積がいくら大きいとしても、この本屋の世界は狭い。

一方で床面積が小さな店であっても、なるべく広く目配りをして品揃えをして、できる限り広い世界をつくろうとすることはできる。前述の〈月↓『竹取物語』↓ウサギの生態〉のように、一般的な分類を飛び越えた文脈をつくることによって、自然と広い世界への入り口を開いてくれる小さな本屋もある。

大きな本屋を隅々まで歩くのは大変だ。最終的に一冊とか、せいぜい数冊の欲しい本に出会えればよいと考えると、小さいほど全体を短時間で見て回ることができるから、同じ広さの世界を回ることができるなら、むしろ効率がよいともいえる。

もちろん大きな本屋もいい。けれど「大きいほどよい」かというと、必ずしもそうではない。とくに、目的の本や情報がはっきりしている人がインターネットに向かいやすくなって、状況は変わってきている。

物理的に圧倒されるよろこび

インターネットは便利だ。買う本が決まっていれば、ネットで探すほうが確実で早い。送料が無料であることも多い。電子版が出ていれば、すぐにダウンロードして読める。どの本がよいか悩んでいても、検索すればいろいろな人のレビューが出てくるから、それを参考に選べばいい。「この商品を買った人はこんな商品も買っています」と表示されたり、「あなたへのおすすめ」とメールが届いたりもする。そのうちに、偶然あたらしい興味に出会うこともある。そもそもちょっとした疑問は、本に当たるまでもなく、検索すれば解決してしまうことも多い。しかも、検索エンジンもネット書店も電子書籍も、まだまだ発展途上だ。このまま進化がすすめば、いずれリアルの本屋は、いらなくなってしまうのだろうか。

安価で潤沢になったVRは、経験の生産工場になるだろう。生身の人間が行くには危険過ぎる環境――戦場、深海、火山といった場所――を訪れることもできる。人間が行くことが難しいお腹の中や彗星の表面といった場所も経験できる。それに、性転換したり、ロブスターになったりもできる。また、ヒマラヤの上空を飛び回るような非常にお金がかかる経験も安価にできる。

ケヴィン・ケリー『〈インターネット〉の次に来るもの』（NHK出版、二〇一六）三〇三頁

急速に進化しているVRの技術は、いずれ完全に現実と変わらないレベルに達し、経験そのものになっていく。もちろん、リアル書店に行って本を買うという体験も、完全にデジタルで再現できるようになる。そのときにリアル書店がいらなくなるかという問いは、「ヒマラヤの

上空を飛び回るような非常にお金がかかる経験」が安価でできるようになったときに、人は実際にヒマラヤに足を運ぶだろうか、という問いと変わらない。それは受け手の問題だ。現在でさえ、Google マップのストリートビューを見るだけで、旅に行かなくても気が済んでしまうという人もいれば、より行きたい気持ちが高まるという人もいる。技術はともかく、どの時点で新しいビジネスが成り立ち、古いビジネスを駆逐するかは、時が来るまでわからないとしかいえないだろう。

話を二〇一八年現在に戻すと、少なくともしばらくの間、リアル書店に行かないとできないことのひとつは、本に囲まれた空間の中に身体を置くことだ。

ネット書店の売り場をつくっている人にとって最大の悩みは、スマートフォンの画面の小ささだという。画面の中にしか売り場をつくれないから、本同士の関連性を立体的に、大量に見せることはできない。一方のリアル書店は、背表紙を見せる本棚と、表紙を見せる平台という什器によって、立体的な空間として、訪れる人を大量の本でつつみこむ。

それはたとえば巨大スーパーに行き、大きな箱やペットボトルが大量に並んでいて圧倒される、ということと似ているようで、それだけではない。一冊一冊の本の向こうに物語や知識や情報が詰め込まれている。それらが日々入れ替わっていく。その途方もなさは必ずしも床面積に比例せず、少なくともぼくにとっては、子どものころ近所にあった小さな本屋でさえ、まるで世界そのものを収めているように大きく感じられた。本棚に囲まれて、あれもこれも読んでみたい、けれど一生かかっても読むことはできないと感じた経験が、自分を本の世界に引き込んでいった。

目的の本がみつかるのはもちろん、あたらしい興味に出会えるという意味でも、Amazonをはじめとするネット書店は日々進化している。けれど、本に囲まれた空間に身を置き、その途方もなさに物理的に圧倒されることのよろこびは、少なくともしばらくの間、ヴァーチャルなテクノロジーには入り込み難(がた)い領域であるはずだ。

本好き、本屋好きという人たちの存在

本屋について、このように魅力を挙げていくときりがない。本屋という場所そのもの、それ自体がまずとにかく好きで、好きで仕方がない。その思いが高じて、ひとりの客ではいられなくなり、本屋をやっているようなものだ。

本が好きで、本屋が好きな人が、本屋に行く。当たり前のことのようだけれど、ひとむかし前は違った。インターネット以前は、物語も知識も情報も、娯楽も学問も、必要だと思ったときに一番身近にあるのが本屋だった。電車の時刻も、英単語の意味も、腹痛の原因も、結婚式のスピーチも、すべて本で調べるものだった。だから本屋は、日常的な生活に欠かせない「必

要」な場所だった。多くの人が「好きだから」ではなく「必要だから」本屋に来ていた。だから相対的に、わざわざことばに出して「好き」と言う理由も、いまほどはなかったはずだと想像する。

けれどいまは「本が好き」「本屋が好き」とことばにする人が増えた。それは、多くの人にとって本や本屋が、必ずしも生活に「必要」なものではなくなったことで、逆に「好き」という気持ちが顕在化してきたからではないか。

しかも、「本が好き」であれば本屋に行くかというと、必ずしもそうではない。本は好きだけれど、本屋にわざわざ行くのは面倒だという人がいて、彼ら彼女らはなるべくネットや電子書籍で買おうとする。だから、いまリアルの本屋に訪れる人の多くは、たとえことばにはしなくとも、ある程度は「本が好き」でかつ「本屋が好き」な人であるはずだ。

ここ数年、様々なメディアで、本屋についての特集が組まれることが増えた。そのことを「本屋ブーム」などと呼んで、流行として消費されると考える人もいれば、雑誌の本屋特集を「本が本屋を特集するようになったら終わりだ」と自己言及的であることを揶揄し、業界の危機を語ろうとする人もいる。けれど実際は、単に本屋がインターネット以降、「必要だから」ではなく「好きだから」行く場所になり、誰かの「好き」を知りたい人が増えて、雑誌の特集として成立するようになっただけだ。そうした特集がまた、新たに「本が好き」「本屋が好き」

と感じる人を増やすのは、ぼくはよいことだと思う。

本屋が「必要」な場所でなくなったことで、一般論としてはたしかに、本の売上は年々下がり、本屋の経営は年々厳しくなってきている。けれど一方で、長年親しまれている本屋がまだ元気であったり、あたらしく小さな本屋が開店したりしている。

それは、厳しい中でもなお、本や本屋が「好き」でたまらない人たちが、その魅力をどう引き出し、どうやって店として成立させていくかということに、真剣になってきたあらわれだ。そして同時に、「本屋好き」を自認する客たちも、声をあげて彼ら彼女らを応援するようになった。「必要」ではなくなったぶん、本屋の魅力についてあらためて考える人が増え、いろんな本屋が生まれ、いろんな「本好き」「本屋好き」が可視化されてきたのが、いまだ。

本は読むまでわからない

本を買うとき、「面白い」か「面白くない」か、「役に立つ」か「役に立たない」かが購入時点で約束されることはない。基本的に「面白そう」「役に立ちそう」という予測に基づいて買う。そして、その本が気に入ったからといって、同じものを繰り返し買うことがない。

これは当たり前のようで特殊なことだ。食品であれば試食もできるし、車は試乗してから買えばいい。シャンプーは髪質に合うものを繰り返し買えばいい。もちろん本も立ち読みができるけれど、最後まですべてを読み終えてから買う人はあまりいない。もちろん、同じ著者やレーベルのものを買うことはある。けれど、プレゼントの場合などを除いて、毎回違うものを買う。

それは売る側も同じで、毎日違う、あたらしいものを売らなければならない。年間に八万点もの本が出版されている。すべてを読んだうえで売ることは物理的に不可能だ。たいていの場合は、買う側も売る側も、面白そうか面白くなさそうか、役に立ちそうか役に立たなそうかを想像しながら、買ったり、売ったりする。これが本屋の楽しさでもある。

本との出会いもまた、人と似て一期一会だ。ぼくは、気になる本はなるべく、その場で買って帰るようにしている。もちろんどこで買っても一緒だから、著者名やタイトルだけをメモしておけば、あとでネットで買うことも、近所の本屋で買うこともできる。図書館で借りることもできてしまう。けれどその瞬間、その本が気になるときの「その感じ」は、もう二度とやってこない。航空券や飲み代と比べたら本はずっと安いし、その本と出会わせてくれた本屋の売上になるほうが、その本屋の応援にもなる。どうせ買うなら、好きな本屋で本を買おう。このような考え方は、「本屋好き」の人たちや、ローカルな経済の循環を大切にする人たちを中心に、少しずつ広まってきていると感じる。

読み切れなくても買う

本は、読めるぶんだけ買うという人もいる。読むためのものなのだから、そちらのほうがまっとうな考え方かもしれない。読むものがなくなりそうなときに、また本屋に行って、次に読む本を買う。そういうスタイルで、たくさんの本を読み続けている人もいる。

けれど本屋を、一番身近にある世界一周の場であり、本との一期一会の場だと考えるなら、いま読んでいる本を読み終わるまで行かない、というのはもったいないとも感じる。日常のちょっとした時間に本屋に立ち寄り、そこに並んだたくさんの本の中から、一冊の本が気になって手に取ったとき、もしまだ読み終わっていない本があっても、あるいは既に読み切れないほどの本が家に積まれていても、やはり買ってしまう。

また、そもそも「読み終わる」ということについても、人によって考え方が違う。最初の一文字から最後の一文字まで読み通して、書かれた内容をなるべく漏らさず理解し、頭に入れなければ気が済まない、という人もいる。一方で、どこからどこまででも、読んでいてもういいと思えば、そこで次の本を手に取り、また気になったら戻ってくる、という読み方をする人もいる。ぼくはどちらかというと後者で、以下の管啓次郎氏のことばが気に入っている。

本に「冊」という単位はない。とりあえず、これを読書の原則の第一条とする。本は物質的に完結したふりをしているが、だまされるな。ぼくらが読みうるものはテクストだけであり、テクストとは一定の流れであり、流れからは泡が現れては消え、さまざまな夾雑物が沈んでゆく。本を読んで忘れるのはあたりまえなのだ。本とはいわばテクストの流れがぶつかる岩や石か砂か樹の枝や落ち葉や草の岸辺だ。流れは方向を変え、かすかに新たな成分を得る。問題なのはそのような複数のテクスチュアルな流れの合成であるきみ自身の生が、どんな反響を発し、どこにむかうかということにつきる。読むことと書くことと生きることはひとつ。それが読書の実用論だ。そしていつか満月の夜、不眠と焦燥に苦しむきみが本を読めないこと読んでも何も残らないことを嘆くはめになったら、このことばを思いだしてくれ。

本は読めないものだから心配するな。

管啓次郎『本は読めないものだから心配するな』（左右社、二〇〇九）九〜一〇頁

本をもっと読みたいけれど苦手意識がある、という人のなかには、本は最初から最後まで読み通さなければいけない、と思い込んでいる人が多いと感じる。そういう人には、ふらりと本屋に行き、気になった本を何冊か買い込んで、少しずつ、気になった箇所だけを読むことを勧

める。せっかく自分のお金を出して買うのだから、もっと気軽に、自由に読めばよい。稀代の読書家でさえ、こう言っている。

「読書」といえば、すぐに人は、その本の中に何が書かれ、それに対して、なにを感じたかばかりを考えたがる。私も、「書評」をたのまれると、つい、そうなってしまうのだが、生活の中の読書は、そんな大袈裟なものでない。

もっと、いろいろな場所で、いろいろな時間帯の中で、いろいろな状況の中で、人はいろいろな恰好をしながら、自由で、かつ不自由な「本の読み方」をしている。

草森紳一『本の読み方　墓場の書斎に閉じこもる』（河出書房新社、二〇〇九）一二頁

とはいえ、ぼくも昔は、読み通さないと落ち着かないほうだった。けれど、初めて自分の著書が出たあたりから、読み通せなくても気にならなくなった。本を読んだ人から「このように書いてありましたね」と言われることが、いつも「そんなことを書いたかな？」と思うことばかりなのだ。つまり、膨大な時間をかけて何度も読み返しながら書いたはずの本人でさえ、書いたことを忘れてしまうか、もしくは覚えていたとしても、本人の意図とは違う読まれ方をするものだということだ。そんなものを、無理をして読み通す必要があるだろうか。

先にも書いたように、同じ本を読むことは、同じ目的地に旅をするようなものだ。本はひとつの場所にすぎない。読者それぞれに、それまでの人生があって、読んできた本、得てきた経験と照らし合わせながら、読み違えたり、読み飛ばしたりもしながら、その人なりに読み、また明日から生きていく。もし全員がそこにあるすべてを読み尽くしたとしても、百人いれば百通り、違う箇所を違うように読み、違うことを考えたり感じたり、何も考えなかったり感じなかったりする。完璧な読み方というのは存在しない。そう思ったら楽になって、以前よりもたくさんの本が読めるようになった。

背表紙と表紙に書かれた文字を読み、気になった一冊を手に取る。その瞬間から、その本との関係ははじまっている。その本から自分が読み得るものを読書だとするなら、すでに読書は、本屋の店頭ではじまっているのだ。その本を買うことには、その本が自分にもたらすことへの期待そのものが含まれている。そして、なぜだかその本が気になっている自分の無意識のわからなさを、解き明かすかもしれないヒントを買うことでもある。

その偶然の出会いを特別なものに感じながら、財布の許す限り読み切れない量の本を買って持ち帰る。これこそが本屋の醍醐(だいご)味だと自分に言い聞かせながら、ぼくは今日も本を買う。

本屋の客の、個人の蔵書

そういうふうに本を買っていると、自分の本棚にならぶ蔵書(ぞうしょ)は、関心の地図のような、頭の中の延長のようなものになっていく。

本棚が生活空間の中にあると、背表紙や表紙が、日々の生活のなかで目に入る。かつて読んだ本であれば、そのたびに内容が頭をよぎるし、まだ読んでいない本であれば、中身を想像したり、買ったときのことを思い出したりしながら、いつか読もうという気持ちになる。

それは自分という個人のフィルターを通って、選ばれたものだ。出費がともなうぶん、精度の高いフィルターを通って厳選されている。並べてみると、傾向が見えてくる。自分はこういうことに関心があるのかとあらためて気づいたり、並べ替えているうちに、本と本の間に接点が見えてきて、新たなアイデアが生まれたりすることもある。いわば自分用にカスタマイズされた図書館であり、これが日々の読書の拠点となり、ものを考えるときの道具にもなる。

だから、家の近くに大きな図書館があればよいわけではない。そこに並んでいるのはあくまで共有の本であり、多くの利用者に便利であるように並んでいる。自分が私有している本は、自分の直感と財布を通じて厳選されていて、それを思い通りに並べ、生活空間の好きな場所に、いつまでも置いておくことができる。読みながら線を引いたり、考えたことを直接ページに書き込んだり、必要なページを破ることもできる。

　ぼくはいろいろマーキングをしてきたおかげで、ある時期からセイゴオ式マーキング法みたいなものがほぼ確定されてきたのですが、おかげで何年かたってその本を読むとき、マーキングを追うだけでその中身が初読時以上に立体的に立ち上がってくるというふうになりました。

（……）つまり本をノートとみなすことなんです。本は、すでにテキストが入っているノートなんですよ。

松岡正剛『多読術』（筑摩書房、二〇〇九）八四〜八六頁

　もちろん、せっかく出会ったそれぞれの本を大切にしたいと考え、汚すのが苦手な人もいるだろう。カバーをかけるなどして、丁寧に並べて眺めるたのしみもある。一方で、あくまで道具として使い倒し、自分なりの汚し方をしていくたのしみもあって、ぼくはどちらかというと後者のほうだ。

　生活空間も限られているから、すべてを持ち続けるわけにはいかない。けれど、たとえすべてを持ち切れず、読み切れないとしても、自分の好きなように扱える厳選した本が、部屋の一

角で自分の関心を可視化してくれることは、蔵書をもつことの大きな魅力だ。それは本屋や図書館の棚とは違う、ごく個人的なものとして、ゆっくりと蓄積(ちくせき)していく。

本屋の棚の変化は早い

一方、本屋の棚に入っている本は、早いスピードで入れ替わる。毎日のように来る客がいることもあって、まさに変化する世界を可視化するように、日々の品揃えを通じて、本屋はそのかたちを変えていく。

顕著なのは、新刊書店の平台だ。とくに雑誌や新書など刊行スピードの早い本は、編集者が「いま、出版する意味があるかどうか」を考えてつくっていることが多い。だから、新刊平台はおのずと、現在を切り取ったような表情になる。流行や社会情勢に、あるいは季節感も加わる。

日々新しい本が届けられるので、平台に積まれていた本もいずれは返品され、そのうちの一部のタイトルが、棚に一冊だけ残される。新しい本は次々に出るので、しばらく売れなければその一冊も返品され、店頭に返り咲くことはめったにない。一方、棚に差されたとしてもすぐに売れる本はまた追加注文され、さらにそのまま売れ続ける本は棚のなかの定番品となり、その本屋の世界を構成する大切な要素のひとつとして、何年も残されていく。

古書店であっても、入れ替わるスピードは早い。そもそも古書は常に一点ものなので、同じタイトルを追加注文して売り続けるようなことはできない。営業を行っていく中で、自然と品揃えが変化していく。新刊書店と違うのは、その棚にあらわれるものが、現在の流行や社会情勢ではないことだ。

そこには、様々な時代のものが流れてくる。昔は新刊だったはずのそれらの本は、すでに歴史の一部となって積み重なっている。そこで棚づくりをする人たちは、新刊書店の店頭からは消えたものや、絶版になってしまったものを豊富に織り交ぜながら、より時間軸の長い世界像を、日々入れ替わる在庫のなかでかたちづくっている。

本屋は動的平衡が保たれている

ところが不思議なもので、本が入れ替わっても、その本屋がその本屋であることは変わらないと感じる。

建築や内装、什器などが変わらないという意味ではない。本はどんどん入れ替わっているはずなのに、「この本屋が好きだ」と思った店のことは、来月も再来月も、来年も再来年も好きなままであることが多い。客のほうも自然と、本は入れ替わってほしい、けれどその本屋らしさは変わらないでほしい、と思っている。

それはちょうど、人間の細胞が一年ですべて入れ替わっても、その人がその人である事実は変わらないことに似ている。「本屋B&B」の共同経営者である嶋浩一郎との対談で、かつて話にのぼった。

嶋　本屋の場合、永遠に終わらないですからね。毎日が暫定一位をつくりつづける仕事だからね。

内沼　そうですね。本屋は終わらないんですね。本当に終わらないですね。お客さんもそうやって変わっていくのを楽しみにしてくれるし、変わらない味を提供する飲食店とかとはやはりちょっと違うわけですね。もちろん全体としては変わらない味というか、あそこに行くと、いつもこういうおもしろさがある、というものは変わらないほうがいいかもしれないけれど、店にあるものはやはり全部変わる。

嶋　そうだよね。「動的平衡」本屋編。（……）違う部品が次々に補充されていって、本屋という筐体というかボックスは変わらないけれど、中の細胞はどんどん変わっていく。そういうイメージだよね。

嶋浩一郎『なぜ本屋に行くとアイデアが生まれるのか』（祥伝社、二〇一三）一六八〜一六九頁

年間八万点もの本が出版されて、タイトル数が増えていく。毎日本が入荷し、売れた本が客

の手に渡り、売れない本は返品されていく。その終わらない流れの中で、店の本棚と平台の品揃えを、そのとき自分たちがベストだと思う状態に、できる限り近づけていく。この作業が永遠につづいて、終わりはない。本屋はまるで生き物のようだ。

嶋が挙げた「動的平衡」ということばは、まさに生き物のことばである。生物学者の福岡伸一さんによるベストセラー『生物と無生物のあいだ』で、ひろく知られるようになった。福岡さんは、ルドルフ・シェーンハイマーという生化学者の研究に魅せられた。シェーンハイマーは、分子の同位体を利用して代謝を追跡することで、身体を構成するタンパク質などの物質がものすごいスピードで入れ替わっていることを実証した。シェーンハイマーの「生命の動的な状態（dynamic state）」という概念を拡張して、福岡さんは「動的平衡（dynamic equilibrium）」ということばで、生命を「動的平衡にある流れ」と再定義した。

本屋もまた「動的平衡にある流れ」であるとすると、なぜその本屋は、本が入れ替わっているにもかかわらず、その本屋であることを保ち続けることができるのだろうか。福岡さんは、その再定義を掲げた次の章で、以下のように記している。

生命とは動的平衡にある流れである。生命を構成するタンパク質は作られる際から壊される。それは生命がその秩序を維持するための唯一の方法であった。しかし、なぜ生命は絶え間なく壊され続けながらも、もとの平衡を維持することができるのだろうか。その答えはタンパク質のかたちが体現している相補性(そうほせい)にある。生命は、その内部に張り巡らされたかたちの相補性によって支えられており、その相補性によって、絶え間のない流れの中で動的な平衡状態を保ちえているのである。

福岡伸一『生物と無生物のあいだ』(講談社、二〇〇七)一七八頁

タンパク質がつくられては壊されるように、本屋では、本が入荷しては売れていく。それが本屋にとって「その秩序を維持するための唯一の方法」だ。本が入れ替わっていかなければ、本屋は成り立たない。

そして一冊の本がなくなった場所に、次にどんな本を置くか。これを決めるのは、本屋においてもまた「内部に張り巡らされたかたちの相補性」であるといえる。その場所にどんな本があり、前後左右にどんな本を置くことで、売り場が成立していたか。それらはどのように互いに補い合っていたか。どんな文脈をつくっていたか。どんな分類を、どんな問題意識を、どんな季節感をつくっていたか。端的にいえば、それまでに店が積み重ねてきた選書の蓄積であり、品揃えだ。

日々この決断をしているのは、本屋で働く人間だ。その役割は、店の「内部に張り巡らされ

たかたちの相補性」を見ながら、「動的平衡にある流れ」の舵を取ることだ。その舵取りによって「毎日が暫定一位」の、その本屋らしさというものがつくられていく。

その本屋らしさには人が大きく関与している

だから、その本屋らしさをつくっているのはほとんど、そこで働く人であるといえる。

もちろん、棚に並ぶ本を、ひとりの人間の完璧なコントロール下に管理することは、なかなかできない。どの本が売れるかは客次第であるから、同時に客によってつくられているともいえる。店という場所には、予想外の急な出来事がたくさん起こる。本は人によって能動的に発注されるものだけではない。新刊書店であればシステマティックに、古書店であれば誰かからの買取として、受動的に入荷することも多い。入荷した本を、大した判断もできないままとりあえず並べる、ということも往々にしてある。

また、そもそも品揃えの能動的なコントロールを、どのくらいまで効かせることを目指すかということにも、本屋それぞれの考えがあらわれる。コントロールが効きすぎると、それは担当者ごとに品揃えの偏りという形であらわれ、客に特定の思想や価値観を押し付けることにもなりかねない。かといって客の購買と受動的な入荷に任せるだけにしていると、なんの特徴もない、ただの出版流通の末端にすぎない存在にもなりかねない。

その本屋らしい選書、その本屋らしい並べ方。コントロールの効かせ方。それは、本を仕入れ、陳列する個人のフィルターにかかっている。たとえばとある大きな書店で、ひとつのジャンルの担当者が替わる。店の棚にはそれまで陳列された本による「内部に張り巡らされたかたちの相補性」があるから、急に大きく変わることはない。けれど、その先のひとつひとつの仕入や陳列の判断が、個人のフィルターを通じてなされていく以上、どれだけ過去を参照しようとも、緩やかには変わっていく。

だから本屋に、まったく同じである瞬間はない。けれど一方で、その本屋らしさは、まったく変わらないこともある。少なくとも急に大きく変わることはあまりない。それはすべて、舵を取る人が支えているのだ。

遠くの本屋を訪ねる価値

そう考えると、近所の本屋だけでなく、遠くの本屋にもわざわざ足を伸ばして行ってみる価値があることに気づく。

あるときまでは、ぼくにも、本屋はどこも同じように見えた。商店街にあるような小さな本屋は、同じような文庫やコミックや単行本と、雑誌の最新号が並んでいるだけだった。ターミナル駅にある大きな本屋は、どこでも「在庫何十万冊」という売り文句を掲(かか)げて、同じような品揃えである気にさせた。古本屋も、売っているものこそ違えど、どこも同じような暗くて入りにくい雰囲気を醸し出していた。これを明るくして入りやすくしたのが、新古書店と呼ばれるブックオフのようなチェーン店で、それらはむしろ最初からみな同じに見えるように意図してつくられていた。

けれど人が舵を取っている以上、実際はひとつとして同じ本屋は存在しない。いつも雑誌に取り上げられている有名な本屋だけが、ほかと違うのではない。パッと見て、どこにでもありそうな普通の本屋にも、それぞれの土地に暮らす人々に向き合っているからこそ滲(にじ)み出る、それぞれの個性がある。有名ならば有名なりに、無名ならば無名なりに、大きければ大きいなりに、小さければ小さいなりに、個性が出てしまう。

慣れてくると、その違いに目を凝(こ)らすことが楽しくなる。それはもう「本屋好き」になった証拠だ。この楽しみを知ってしまうと、旅先でも気がつけばいつも本屋を探してしまう。そしていつしか、本屋をめがけて旅をするようになる。

旅先であっても、もちろん本を買う。その本はたしかに、近所の本屋でも、ネット書店でも買えるかもしれない。けれど、それは同じ内容が印刷され製本されている本であって、この店の棚に並んでいるこの本ではない。もちろん荷物は増えるけれど、この本との一期一会を大切にしたいという思いは、昂(たか)ぶりがちな旅の気分とも相性がいい。

もちろん、旅先で買えば、そのまますぐに読めるよさもある。電車に揺られながら、近くの喫茶店で休憩しながら、夜に泊まる宿で眠る前に、起きた後に読む。単に最近気になっていただけの本でも、旅先で読めば日常とは違った視点を発見できるかもしれないし、旅先の土地に関連する本であれば、本の中に出てくる場所に実際に訪れることもできる。

帰宅してしばらくすると、旅の記憶と読書の記憶とがつながり、具合よく混ざる。その本を読み返せば「そういえばあそこで読んだな」と、その土地を再訪すれば「そういえばあの本を読んだな」と、後になって思い出すようになる。そういう経験が続くと、遠くの本屋をわざわざ訪ねるのが楽しくなってくる。

書店と本屋

ところで、本書では主に「本屋」と書いてきたが、多くの文章では「書店」ということばが使われる。このふたつのことばのニュアンスの違いについては、鳥取に店を構える「定有堂書店」の奈良敏行氏が、雑誌の取材でお会いしたときに以下のように話してくれた。

「書店」というのは、本という商品を扱い陳列してある「空間」。広いほどいいし立地も単純明快な方がよく、サービスの質をどんどん向上させていくものです。「本屋」はどちらかというと「人」で、本を媒介にした「人」とのコミュニケーションを求める。

『ＢＲＵＴＵＳ』七〇九号 特集「本屋好き。」（マガジンハウス、二〇一一）三四頁

辞書を開いてみると、そもそも「書店」の「店」という字は「みせ」と読むのが普通だが、同じ意味で「見世（みせ）」とも書き、「たな」とも読む。「たな」の読みでは、漢字の欄には「店（たな）」と「棚（たな）」とが並んでいる。そして「みせ」と「たな」の両方が、「みせだな（店棚・見世棚）」の略であるとされる。

みせ【店・見世】
《名》①（「みせだな」の略）商品を並べておき、客の目につくようにした所。商品を並べて売る所。また、商売、サービスのため客に対応する場所。商店。たな。

たな【店・棚】
《名》（「みせだな（店棚）」の略）
①商品を陳列する台。また、商品を陳列した場所。転じて、陳列台を並べたみせ。商家。

みせ-だな【見世棚・店棚】
《名》商品を陳列する台。また、商品を陳列した場所。転じて、陳列台を並べたみせ。たな。

すべて『精選版　日本国語大辞典』iOS 版（小学館、物書堂）Version1.1.1(R14)

つまり「書店」とは、「商品」としての本を陳列する本棚と平台のことであり、それらが構成する「本を陳列した場所」のことだといえる。
一方、「本屋」の「屋（や）」はどうかというと、「人」や「家」を指す。

や【屋・家・舎】
■二《語素》
①名詞について、その物をそろえて売買する人や家を表わす。また、これに準じて他の業種についてもいう。「米や」「薬や」「植木や」「ブリキや」「質や」「はたごや」など。
②転じて、それを専門としている人をさしていう。軽蔑（けいべつ）、または自嘲（じちょう）の意を込めて用いることがある。「政治や」「物理や」など。

『精選版　日本国語大辞典』iOS版（小学館、物書堂）Version1.1.1(R14)

　つまり、「本屋」は「本をそろえて売買する人」あるいは「本を専門としている人」のことだ。「書店」はやや「空間」「場所」寄り、「本屋」はやや「人」寄りのことばであるとする奈良氏の使い分け方は、辞書的な意味としても正しいということになる。英語に置き換えれば「書店」は「bookstore」あるいは「bookshop」のことで、「本屋」は「bookseller」のことだ、ともいえるかもしれない。

　多くの文章において「本屋」よりも「書店」が好まれるのは、「屋」という文字が「軽蔑、または自嘲の意を込めて用いることがある」ためだ。雑誌記事などで「本屋」と書くと、校閲の方から「書店」と修正されることも多い。

　けれど一方で、「本屋」ということばに特別な思いを抱き、好んで選ぶ人もいる。たとえば全国の「町の本屋さん」を紹介する本の「はじめに」は、以下の一文で締めくくられる。

　タイトルを「書店図鑑」ではなく「本屋図鑑」としたのは、「本屋」という言葉への愛着ゆえです。

得地直美・本屋図鑑編集部『本屋図鑑』（夏葉社、二〇一三）三頁

「本屋」ということばに、ぼくもこのような愛着がある。それはどちらかといえば「人」に属する愛着であり、「人」あってこその「場所」なのだ、という気持ちのあらわれといえるかもしれない。

そもそも、ある時代までは、現在「書店」を構成する二大要素であるところの、本棚と平台は存在しなかった。

一般書店に現在のような開架式（かいかしき）の陳列が現われたのは明治中期あたりとみられる。それ以前は、本屋といえどもほかの商店と同じく畳敷、板敷の坐売り（ざうり）であった。江戸時代の典型的な本屋は、表に箱看板を出した坐売り式で、客が往来や土間に立ち、あるいは畳に座って希望のものを告げ、店員が呉服屋のように品物を出してきて見せる。双紙（そうし）類など大衆的な書物を扱う店では「出し本」といって一部を畳の上に直に置いたり、斜めの低い台に陳列するものもあった。しかし在庫はおおむね店の奥にある棚に重ねて置かれ、人気のある本や新刊の類は、短冊状の板に書名を書いたものが掲示されていた。

柴野京子『書棚と平台』（弘文堂、二〇〇九）一〇九頁

本書によると、最も早く開架式となった本屋は神保町の東京堂書店と日本橋の丸善で、一九〇三年頃だという。つまり「本をそろえて売買する人」としての「本屋」はずっと昔からいたけれど、「本を陳列した場所」としての「書店」がいまの形に変化したのは、せいぜい百二十年前だということだ。

それでは、扱う対象である「本」のほうはどうだろう。ここまではひとりの客としての視点から、本屋のたのしみについて書いてきた。はやく「店」を営む側の視点、すなわち「屋」の視点に移りたいところだが、少し回り道をして、先に「本」とは何なのかを、あらためて考えてみることにしたい。

＊「沿革 ― 須原屋」http://www.suharaya.co.jp/aboutus/history.php

第2章

本は定義できない

コードがついているものが本か

本とは何だろうか。ひとつの手掛かりとして「ＩＳＢＮ」と呼ばれるコードがある。

ＩＳＢＮは、13桁からなるコード番号によってあらわされ、書籍出版物の書誌（しょし）を特定することができます。

（……）

一度でも付与・発行されたＩＳＢＮコードは、その本が絶版になった後も永久欠番とすることがＩＳＢＮのルールです。また、同一の書籍に異なる複数のＩＳＢＮコードを同時に付与されることもあってはいけません。

このルールが守られることによって、出版者や流通関係者は固有の書籍情報を共有して読者の需要に迅速（じんそく）、的確に応えることができます。また、図書館においては、書誌情報を正確に管理して利用者に提供することができるのです。

ＩＳＢＮは、法律や条約で定められたものではありません。世界の出版界が共有する〝社会標準〟です。発行する書籍に必ず付けなくてはならないという法的な拘束力はありません。しかし、苦労をして発行した本が一人でも多くの読者に伝わるためには、その本に関する情報が世の中で広く共有されることが必要です。ＩＳＢＮは、書誌情報を検索するためのキーとして重要な役割を果たします。

日本図書コード管理センター「ＩＳＢＮコードの意義と利便性」
https://isbn.jpo.or.jp/index.php/fix__about/fix__about_2/

このコードは、本にしかつけることができない。「世界の出版界が共有する〝社会標準〟」であることが目指されているのだから、このコードがついて流通しているものは、多くの人が本だと認めているものである、といってよいはずだ。

書店の現場、少なくとも大きな書店チェーンなどでは、あらかじめ必要な書誌情報が入った専用のレジが使われている。ＩＳＢＮを読み込めば、売価が表示されるのはもちろん、在庫データと連動して必要な本を自動で補充注文できるようにしている書店もある。管理上、手間が増えることを避け、ＩＳＢＮがついている本しか扱いたくないと考える書店も多い。

また、ＩＳＢＮがつけられるのはいわゆる書籍だけだ。本の卸売を行う会社を日本では「取次」と呼ぶが、日本では書籍も雑誌も、同じ取次が扱っている。これは世界的に見ると必ずしも標準的ではなく、書籍と雑誌はまったく別のものとして、別々に流通をしている国も多い。そのため、国際標準となるコードも、書籍と雑誌とでは異なる。雑誌には、ＩＳＢＮではなく「定期刊行物コード（雑誌）」もしくは「ＩＳＳＮ」と呼ばれる別のコードが付与されている。

取次大手のトーハンが窓口業務を受託している「定期刊行物コード（雑誌）」は、出版流通の円滑化のため一九七八年に制定された「雑誌コード」を元に改定され、二〇〇四年から新たに導入されたものだ。一方、国立国会図書館が管理を行っている「ＩＳＳＮ」は、逐次刊行物につけられる国際的な識別番号として、一九七一年に策定され現在まで運用されている。実際は、どちらかのコードだけがついている雑誌もあれば、両方がついている雑誌もある。また、見た目は雑誌でもあくまで書籍という扱いで、ＩＳＢＮがつけられているものもある。三つのコード体系が、並行して使われているということだ。

もちろん、コードがついて流通しているものの大半は、誰もが本である、と認めるような書籍や雑誌だ。しかし中には、ＣＤやＤＶＤ、トートバッグやポーチ、パンやクッキーの型や、万年筆やキーホルダー、ダイエットのためのチューブやベルトなどにも、ＩＳＢＮをはじめとするコードがつけられ、流通しているものがある。それらの多くは、建前としては本の付録ということになっていて、便宜上の本体として薄っぺらい冊子がついていたりする。果たして、これらは本であるといえるだろうか。

それらは、ほかの本と同じように書誌情報がつけられ、書店に並んでいる。あえていうなら、少なくとも流通上においては、食パン型も本であり、腹やせベルトも本である、ということになる。もちろん異論もあるだろう。けれど、少なくとも現状では黙認されているし、それらを売れ筋の商材として力を入れて販売する書店もあるのだから、本でないと言い切るのは難しい。

出版流通に乗っているものが本か

日本の本の流通は、巨大な流通網としてひとつにつながっている。「仲間卸」といって、卸会社である取次同士でも、本のやりとりを行うからだ。そのため、出版社がどこか一社の取次と契約してそこに商品を納めていれば、その本はいわゆる出版流通に乗ることになる。書店はどこか一社の大手取次と契約すると、出版流通に乗っている本であれば、すべてその一社を通じて仕入れることができる。だから客はどの書店でも本を注文することができて、品質や値段は、どこで買っても変わらない。これも、本という商品の特殊なところだ。

しかし出版流通に乗っていることと、ＩＳＢＮなどのコードがついているということは、必ずしもイコールではない。コードは、基準に沿った出版物をつくってお金さえ払えば、誰でも取得して本に付与することができるが、出版流通に乗せるには、取次と契約して商品として納めなければならないからだ。実際にはコードがついていても、出版流通には乗っていない本も存在する。

とはいえ日本の出版業界においては、出版流通に乗っているものだけが本であると考えられる機会も多い。たとえば多くの統計においてそうだ。『出版指標』を発行している出版科学研究所と、『出版年鑑』を発行している出版ニュース社に問い合わせたところ、やはり取次経由の本を集計しているとのことだ。そんな中、取次の日本出版販売が発行している『出版物販売額の実態』においては、二〇一六年版から「出版物推定販売額」の内訳に、取次を介していない「出版社直販」分を含めるようになった。あくまで推定金額としてではあるが、これは出版流通に乗っていない本の存在感が無視できなくなってきていることのあらわれだといえる。

印刷されて製本された冊子

コードもついておらず、出版流通にも乗っていなくても、印刷されて製本され、形状として本の形をしたものは、たくさん存在する。

出版流通に乗っていない本を指すことばは、「リトルプレス」「ZINE」「同人誌」「自費出版物」などいくつかある。それぞれのニュアンスは若干違うが、それらは取次に注文することができないため、書店ごとに直接、作り手から仕入れる。業務上の手間が増えるので取り扱わない書店もあれば、逆に品揃え上の特色になるため積極的に取り扱う書店もある。

また、それらの本は書店ではなく、「同人誌即売会」や「ブックフェア」などと呼ばれるイベントで販売するために、そのスケジュールに合わせてつくられることも多い。最大規模を誇る「コミックマーケット」、オリジナルの創作に限定した「コミティア」をはじめ、「THE TOKYO ART BOOK FAIR」や「文学フリマ」などその名の通りアートブックや文学作品に特化したものまで、大小さまざま、その数は膨大だ。中には一部の書店に卸される本もあるが、大半はその日その会場に限って販売され、以降は手に入りにくくなることも多い。

他にも、特定の場所でのみ販売される本はある。たとえば美術展の図録だ。公共の美術館から民間のギャラリーまで、展示に合わせて発行される本の多くは、ＩＳＢＮがついておらず、書店でもほとんど売られない。映画や演劇、コンサートなどのパンフレットや、観光名所で販売されている解説の小冊子なども同様だ。また、社員や取引先向けにまとめられた社史や、図書館などに収蔵される地域資料や研究紀要なども、市販はされないが、たしかに本として存在する。場所やイベント、特定のコミュニティに紐(ひも)づいた本には、そこでしか販売されないものも多い。

また、販売を前提としたものではなく、無料で頒布(はんぷ)される本もある。総称して「フリーペーパー」「フリーマガジン」などと呼ばれることが多いが、その内実もまた様々だ。駅などに設置されたラックで配布される情報誌、飛行機に乗ると必ずといっていいほど用意されている機内誌、カメラ会社やカード会社などがユーザー向けに定期的に発行している会報誌などは身近なところだろう。あらゆる企業が、広告費で成り立つ事業として、あるいは自社のブランディングや情報発信の一環として発行する。あらゆる地方自治体や商店街などの団体が、地域振興や集客を目的に発行する。サークル的な集まりやひとりの個人が、趣味で発行しているものも多い。

さらに言えば、そのような読まれ方をするものでなくとも、冊子状のものはたくさんある。たとえば商品カタログや説明書などが、家の本棚に本と混ざって並んでいることも多いのではないだろうか。それらを本と呼ぶのに抵抗がある人も多いかもしれないが、たとえば車関連の専門古書店に行くと、むかしの車のカタログや説明書にも、立派な値段がつけられて売られている。本と同様に扱われているこれらを、本ではない、と言い切ることもまたむずかしい。

印刷も製本もない時代から

そもそも「本」と呼ばれるものは、いつからあるのだろう。

ラテン語の「本（liber）」とは、もともとは樹木の内皮（ないひ）を表わす言葉だった。樹木の内皮は石とともに、最も古くから人間が文字を書きつけた素材だったのである。しかし、古代人たちは、それ以外にもさまざまな材料に文字を書いた。メソポタミアの遺跡からは、文字の刻まれた粘土板が千枚単位で発見されているし、他の地域でも、文字の書かれた蠟（ろう）板（ばん）や木板、骨、布、ヤシの葉、獣皮、石、金属などが見つかっている。

ギリシア語の「本（biblion）」の語源は、パピルスを意味する〈biblos〉である。現在、欧米語で用いられている「聖書（bible）」や「愛書家（bibliophile）」、「図書館（bibliotheca）」など、多くの言葉がこれに由来している。

ブリュノ・ブラセル『本の歴史』（創元社、一九九八）一八頁

印刷技術が生まれる前どころか、紙という素材さえ生まれていなかったころから、「本」ということばはあった。そもそも「本」とは、樹木の内皮やパピルス、すなわち記録する素材を指すことばであり、それらは板状であったり、巻物状であったりした。その後、現在まで続く冊子という形態が生まれる。

本の形態は、紀元後の早い時期に変化をとげる。それまでの巻物に代わって、紙葉(しよう)を重ね合わせて閉じる冊子(コデックス)が現われ、今日見られるような形の「本」になったのである。

両手で持たなければ読めない巻物と違って、冊子は取り扱いが楽で保管もしやすく、かさばらないので持ち歩きにも便利であり、さらに表裏両面に文字を書くことができた。このため、2世紀から4世紀にかけて、キリスト教の普及とともに冊子が広く用いられるようになっていった。


ブリュノ・ブラセル『本の歴史』(創元社、一九九八)二〇頁

たしかにいま、ひとくちに本と言ったときにイメージするのは、印刷されて製本された冊子かもしれない。けれど印刷されていなくても、製本されていなくても、本と呼ばれていた時代はあった。それを、ある時を境に、印刷されて製本されたものだけを本であるとするのは、おかしな話であるようにも思えてくる。

実際に、現在も博物館に行けば、手書きの写本はれっきとした本として展示されている。古書店に行けば、個人のスクラップブックや写真アルバム、日記などでさえ、一定の史料的価値があるものはとくに、高値で取引される。ニューヨーク・ブルックリンを拠点に世界中のス

ケッチブックを集めて公開している「The Sketchbook Project」や、日記・スケジュール帳・アイデア帳などを「手帳類」と呼んで収集し、東京の参宮橋のギャラリーで公開している「手帳類図書室」などは、現代ならではの手書き本のたのしみ方を提案する、新しいタイプの図書館であるといえるだろう。これらが本でないとは言い切れない。

また、新刊書店をよく見ると、一枚ものの地図やポストカード、あるいは紙芝居など、必ずしも製本されていないものも、意外にたくさん売られている。古書店に行けば、映画のチラシやポスターを筆頭に、チケットや包装紙まで、およそどこかに誰か欲しい人がいると思われるあらゆる紙は「紙モノ」と呼ばれ、ひとつのジャンルを形成している。古代の定義に照らし合わせれば、製本されていないこれらもまた、本でないとは言い切れない。

電子書籍の普及とウェブサイトとの境目

一方の現代においては、いよいよ「電子書籍」や「電子雑誌」、「電子コミック」と呼ばれる本が、ふつうの人の日常に浸透（しんとう）し、定着しはじめているといえるだろう。

二〇一八年現在、個人の実感として、特定の本を検索したときに電子版が出版されている確率は以前よりだいぶ高くなったし、電子でしか出版されていない本が話題にのぼることも増えてきた。もはや本は電子でしか読まないという人も少なからずいて、話題書の電子版が出ていないと「電子版はまだか」とSNSで催促する読者も、数年前は少数派だったが、いまはごく一般的な読者であり、無視できない声となってきている。背後にはもちろん、スマートフォンの普及がある。

いまやタブレット、パッド、キンドルやスマートフォンがある。そのうちスマートフォンが最も意外なものだった。評論家はずっと、こんな数インチのチカチカするスクリーンで本を読みたい人など誰もいないと言っていたが、それは間違いだった。大間違いだったのだ。私も含めて多くの人が喜んでスマートフォンで読んでいる。

ケヴィン・ケリー『〈インターネット〉の次に来るもの』(NHK出版、二〇一六)一二二頁

米国『WIRED』誌の創刊編集長であるケリーは本書で、スマートフォンに留まらず、これからさらに世界がスクリーンに埋め尽くされていくであろう流れを「SCREENING」と呼び、一章を割いている。またそれと合わせて、本の未来像を「世界のすべての本が一つの流動的な構築物になり、言葉やアイデアを相互につなぐようになる」と予言している。このようなユニバーサルな図書館のコンセプトは、ケリー自身も指摘している通り、紀元前三〇〇年のアレクサンドリア図書館の時代から続いている。

　ぼくは前著『本の逆襲』で、そうしたコンセプトに向かう流れを「本がインターネットに溶けていく」と表現したが（二〇一三年刊のため、取り上げた事例こそ古くなっているが、基本的な考えは自分でも驚くほど変わっていない。本書よりもデジタルの話題の割合が多く、よりコンパクトな本なので、ご興味のある方は手に取ってみてほしい）、五年を経てもなお、いわゆる出版業界の側からは、小さな変化しか起こっていない。そのような状態に向かっているとは到底思えず、せいぜい、電子化される本の割合が増えたくらいだ。

　一方、インターネットの側は、そのような状況をもどかしく感じているかのように、いわゆる電子書籍と呼ばれるもの以外にも、たくさんの物語や知識や情報のバリエーションを、日々生んでいる。それはちょうど、紙・印刷・製本という技術を背景に、あらゆるバリエーションが生まれていった歴史に似ている。それらは、紙の本にとても似ているのだ。

　たとえば、無料で読むことができ、バナー広告や広告記事で成り立っているウェブメディアや、ひとつの企業がブランディングのために運営するオウンドメディアは、紙のフリーペーパーと似ている。メーカーのウェブサイトを見れば、商品のスペックなどを書いたページは紙の商品カタログと変わらないし、沿革や企業理念などを書いたページは紙の社史や会社案内と変わらない。違うのは、紙のように物理的な制限がなくいくらでも量を増やせること、印刷のように固定されることなくいつでも内容を書き換えられること、製本のように独立して閉じることなく縦横無尽にリンクが貼られ、双方向にコミュニケーションができることだ。

つまり、電子書籍だけではなく、あらゆるウェブサイトもまた、本であるといえるかもしれない。少なくとも、本に似ている。無料で読めるものだけでなく、限られたコミュニティにしか開かれていないものも含めて、インターネット上のあらゆるものが、これまで紙の本が積み重ねてきた歴史と似たもの、あるいはその延長にあるものだ。いまや、これまでであれば紙で流通してきたような質の高い物語や知識や情報が、どんどんインターネット上に展開されるようになった。それらはインターネットの性質として、もともと「一つの流動的な構築物」であり「言葉やアイデアを相互につなぐ」ことを前提としている。

言い方を変えれば、いわゆる電子書籍や電子雑誌において、インターネットの特性を生かした大きな変化がなかなか起こらないのは、それらが紙の書籍や雑誌に「似すぎて」しまっているからだとも言える。あくまで完成されパッケージされた本を、ひとつずつ有料で販売するという前提のもとにつくられている以上、いきなり「一つの流動的な構築物」にとはなりにくい。

とはいえ出版業界側にも、変化の兆しはある。たとえば、急成長した電子雑誌プラットフォーム「dマガジン」をはじめとする、定額読み放題のサービスだ。そこでは、もともと紙のものとして編集された雑誌が電子化され、一冊という単位だけではなく、特集や記事といったより細分化された単位でも検索され、横並びに閲覧される。紙の雑誌を愛する側から言えば、

「雑誌」の「雑」な部分の面白さ、あらゆる要素が同居している面白さが失われやすい構造が、いよいよ本格的に普及してしまった形ではあるが、一方で雑誌を読むという体験が少しだけ「一つの流動的な構築物」に近づいてきたとも言える。それらのサービスは、たとえ中身が同じ雑誌であっても、紙だけでしか発行されなかった時代とは違う、あたらしい体験を生み出している。

フィニッシュ、編集、論点やナラティブ

たしかに、電子書籍を本であると考えると、インターネット上のあらゆるものもまた、本であると言えるかもしれない。しかし、それではあまりに漠（ばく）としていて、本のもつ「本らしさ」のようなものがこぼれ落ちてしまうとも感じる。紙に印刷されるかスクリーンに表示されるかにかかわらず、もう少し「本らしく」定義するなら、どういう括り方があり得るだろうか。

まずひとつに「フィニッシュされたもの」という考え方がある。デジタルのものは、原理的にはいつまでも変更ができてしまい、たとえそこにある内容を指して何らかの言及をしても、後にそれが修正されたり、追記されたりすることが起こり得る。〈出版＝publishing〉というのは、〈公＝public〉にするという意味だ。公にする時点で、内容に対する責任が伴う。ある時点をもってフィニッシュとして、以後変更されないもの、もし変更される場合はバージョン

管理がされるものは、より「本らしい」かもしれない。

あるいは「第三者によって編集されたもの」というのも、よく聞く定義のひとつだ。いくらフィニッシュされているとしても、つくり手の独りよがりであれば、他の誰かにとって価値のあるものではないかもしれない。編集者という第三者によって、不特定多数の人に必要とされるような形にまとめあげられ「本にされた」ものを「本らしい」と感じるのは、自然なことかもしれない。

ケリーは「持続して展開される論点やナラティブ」であると定義した。* ひとつの論点のもと展開するもの、一連の物語をつむぐものは、たしかに「本らしい」かもしれない。フィニッシュしていなくても、編集者の目が入っていなくても、「論点」あるいは「ナラティブ」として有意義なものであれば本であると考えてみると、紙だけに閉じ込められていた時代とは異なる、新しい本のあり方が見えてくるようにも思える。

すべてのコンテンツが本か

先の「フィニッシュされたもの」「第三者によって編集されたもの」「持続して展開される論点やナラティブ」という定義はどれも、紙の本に印刷されてきた文字や写真、イラストといった静的なものにとどまらず、音声や映像、ゲームなどの動的なものが含まれ得る。

それらはまとめて「コンテンツ」と呼ばれ、あらゆるネット書店やスマートフォンアプリのストアで、みな並列に売られ、二十四時間という限られた時間を奪い合っている。考えようによっては、コンテンツと呼ばれるすべてのものが、本に似ている。

とはいえ、動的なコンテンツの多くは、生放送などをのぞき、大半は「フィニッシュ」され「編集」されている。また、その音声や映像、ゲームなどを体験している時間、その連続する流れに「持続して展開される論点やナラティブ」を読み取れないものはない、ということもできるかもしれない。

そもそもいまは多くの場合、紙の本であっても、元はデータだ。印刷所に入稿されるのは、たとえば「.indd」とか「.pdf」といった拡張子がついたファイルだ。その前にWordで書かれた原稿があれば、そのファイル形式は「.docx」かもしれない。その原稿は著者本人が語りおろしたもので、元となった音声ファイルがあれば「.mp4」かもしれないし、それが動画であれば「.wmv」かもしれない。それらの「元データ」は、「フィニッシュ」や「編集」がされる前のものであるから、本でないと感じる人もいるかもしれない。一方、そこで語られているのがすぐれた「持続して展開される論点やナラティブ」であれば、より生に近い元のデータには相応の価値がある。

すると、このデータまでは本ではなく、このデータからが本である、と区別する必要性もなもない。

いように思えてくる。すべてのコンテンツが、すべてのファイル形式が、本でないと言えなく

コミュニケーションも本かもしれない

人はそれらのコンテンツを通じて、自分がこれまでに得てきた経験や知識と照らし合わせながら、様々なことを思い浮かべたり、考えたりする。何度も書いてきたことだが、みなそれぞれ生きてきた人生が違い、読んでいるときの環境も違うから、一冊の本、ひとつのコンテンツから、同じものを読み取るということがない。百人の受け手がいれば、百通りに異なるからこそ、同じ小説や映画について誰かと語り合うのは楽しい。

たとえば、ここに一冊の小説がある。紙に印刷された本として、目の前にある。けれど、その小説から読み取られたものは、ひとりひとりの読者の頭の中にしかない。著者が書いたつもりのものも、読者に読み取られなければ、その読者にとっては、書かれていないものと変わらない。「書かれたもの」と「読まれたもの」とは違う。

読み終わった後に、「これこれこういう人がいて、こういうことが起きて、最後にこうなった」という風に筋をまとめられることが小説（小説を読むこと）だと思っている人が

> 多いが、それは完全に間違いで、小説というのは読んでいる時間の中にしかない。読みながらいろいろなことを感じたり、思い出したりするものが小説であって、感じたり思い出したりするものは、その作品に書かれていることから離れたものも含む。つまり、読み手の実人生のいろいろなところと響き合うのが小説で、そのために作者は細部に力を注ぐ。
>
> 保坂和志『書きあぐねている人のための小説入門』（草思社、二〇〇三）一四〇頁

保坂氏が「読んでいる時間の中にしかない」と呼んでいる、それこそが小説であるとするならば、本とは「書かれたもの」だけではなく、「読まれたもの」を含むのだということになる。小説に限らず、すべてのコンテンツが、誰かの考え方や感じ方を、少しだけ変える可能性をもっている。その変化は、特定のコンテンツをきっかけとしてはいるが、実際はそこから「読まれたもの」によっておこる。むしろ「読まれたもの」だけが本である、という言い方さえする人がいても不思議ではない。

「書かれたもの」がコンテンツであるとするなら、「読まれたもの」とはコミュニケーションである。そのコミュニケーションはまず、「書かれたもの」を起点として、つくり手と受け手との間で起こる。続いて、同じ「書かれたもの」の受け手同士の間で起こる。言い換えれば、一冊の本とは、何らかのコンテンツと、それを起点としたすべてのコミュニケーションの総和

である。

インターネット以降、コンテンツが急激に増えたのと同時に、コミュニケーションはさらに爆発的に増え、より可視化されやすくなった。SNSから居酒屋での会話まで、あらゆるコミュニケーションの場、それ自体がときに、つまらない本よりもよほど、有意義に「読む」ことができる。そのように考えると、コンテンツよりもコミュニケーションのほうが多様化し、逆説的に「本らしく」なっているのが現在である、とさえ言えるかもしれない。

「読み得る」すべてのもの

「読まれたもの」も含めて本である。「読まれたもの」こそが本であるかもしれない。このことは同時に、この世界に存在するあらゆるものを「読もう」とすれば、「読み得る」ものすべてが本であることを示す。

たとえば、道路の脇に「飛び出し注意」と書かれている。大抵の人にとってそれは単なる注意を促す情報に過ぎないが、まさに「飛び出し」とでもいえるような、人生を左右するような思い切った決断を目前にしている人が、まるで詩のようにそれを「読んで」しまったら、ふと立ち止まって思いとどまるきっかけを与えるかもしれない。この「飛び出し注意」の看板はこのとき、この人にとっては本になった、といえないだろうか。

「読み得る」のは、必ずしもことばだけではない。先に引用した寺山修司の「空は一冊の本だ」という一節がいい例だ。たくさんの先人たちが、空を眺め物思いにふけり、それぞれの人生の重大な決断をしてきた。見上げた空の大きさ、色の変化、雲の形に、大きなインスピレーションを受け、行動してきた。空にはことばこそ書かれていないが、さまざまに「読まれて」きたと考えると、それが毎日ぼくたちの頭上にあり、見上げるたびに変化していることはとても豊かだ。

さすがに本屋で空を売ることはできないが、たとえば先の例のように、月の浮かぶ空を撮影した写真集の隣に、望遠鏡を並べて売ることはできる。最近の本屋には、そのようにしてあらゆるものが売られている。売り場のディスプレイとしては何も書かれていなくても、自然と「夜空を望遠鏡で眺めるのはいかがでしょうか」という、店側がつくりだした文脈がそこにある。訪れた客が望遠鏡を購入するとき、その二つの商品の間にある文脈が店頭で「読み取られた」ことと、望遠鏡によって空という本を「読み得る」ことの二重の意味で、その望遠鏡さえも本である、と言えるかもしれない。

物之本と草紙

けれどこのままでは、インターネット上にあるものどころか、この世に存在するすべてが本である、という結論に至りかねない。もう一度「本らしさ」に立ち返るべく、また歴史に戻ってみよう。

先にラテン語の「本(liber)」や古代ギリシア語の「本(biblion)」の例を引いたが、それでは日本語の「本」ということばは、そもそもいつ頃から、どのように使われてきたのだろうか。

> 書物のことを「本」というのは古いことでなく、確実なのは江戸時代からである。(……)仏書(ぶっしょ)・漢籍(かんせき)など教養書は物之本(もののほん)といい、娯楽性の高いものは草紙(そうし)あるいは双紙(合わせて草双紙(くさぞうし)ともいう)と呼ばれていたのである。
>
> 橋口侯之介『和本入門』(平凡社、二〇一一)六七頁

現代で「本」というひとつのことばで指しているものは、江戸時代には「物之本」と「草紙」にわかれていたという。それらは、扱う店も違った。

十七世紀まで硬派の書物を「物之本」といって、「書物屋」とか「物之本屋」と呼ばれた店が取り扱った。一般にただ本屋といったら、この物之本屋のことだった。書肆(しょし)とか書林というときも同様である。書物問屋(しょもつどいや)ともいった。

> それに対して、十八世紀後半からは、エンターテインメントの要素が強い本や実用的な本が「草紙屋」と呼ばれる別の本屋から売られるようになった。江戸では「地本問屋」（じほん）といった。そこでは、小説のほかに絵本、洒落とか滑稽（こっけい）といった遊びの本、さらに往来物（おうらいもの）といって寺子屋などで読み書きを習得するための教科書もたくさんできた。
>
> 橋口侯之介『江戸の本屋と本づくり――続 和本入門』（平凡社、二〇一一）五五〜五六頁

いま、出版流通に大量の部数が乗るような本は、「エンターテインメントの要素が強い本や実用的な本」、すなわち江戸時代でいうところの「草紙」が圧倒的に多い。大手出版社の売上を支えるコミックや、エンターテインメント小説、ライトノベルなどのジャンルは「草紙」にあたる。ビジネス書や自己啓発書も「実用」のための本であるから、現代の「草紙」であるといえるだろう。

一方の「物之本」は、現代のジャンルでいうと人文・社会科学や自然科学などを指す。いわゆる純文学と呼ばれるものもこちらに含まれるだろう。どちらかといえば、大型書店チェーンなどでは年々、売り場面積を減らされる傾向にある種類の本だ。

いま、ひと口に「本」といったとき、最初に思い浮かべるのはどちらだろうか。これは人によって異なるはずだ。より「草紙」的な、娯楽や実用に近いものをイメージする人もいれば、

より「物之本」的な、学問や教養に近いものを思い浮かべる人もいるだろう。互いに「本好き」であると紹介されて会った二人が、片方は一日一冊ビジネス書を読破するような人で、片方は気に入った人文書や海外文学をじっくり精読するような人で、全然話がかみ合わないというようなことは、よくある話だ。

自分が、何をより「本らしい」と感じるか。たとえば「物之本」と「草紙」という分け方によって、傾向のようなものが見えてくるかもしれない。

問いを立てる力

続いて、今度はまた少しだけ未来を眺めることにすると、この五年で見られる変化と言えば、AI（人工知能）ということばが、いよいよ人々の日常に、実用品という形で入ってきたことだろう。

AIの主要な技術のひとつに、音声認識がある。実はその分野においても、二〇一八年現在トップを走っているのはAmazonだ。二〇一四年末に米国で発売されたAmazon Echoは、Alexaと呼ばれるAmazonのAIアシスタントを使うための端末であり、机の上などに置いて話しかけて使う。スマートスピーカーと呼ばれ、各社が開発をすすめている。日本では二〇一七年末、Google Homeを皮切りに、Amazon EchoやLINEのclova WAVEなどが相次いで発売を開始した（AppleのHomePodは、日本での発売は未定）。話しかけるだけで、検索やニュースの読み上げ、音楽の再生はもちろん、ピザやタクシーの注文まで、これまでパソコンやスマートフォンを介して行っていたちょっとしたことが叶う。

ケリーは、「クラウドに対して普段の会話の調子でどんな質問でもできる世界がすぐにでも来るだろう」と書いたうえで、次のように述べる。

良い質問とは、マシンが最後までできないかもしれないものだ。
良い質問とは、人間だからこそできるものだ。

（……）

事実や秩序、答えはこれからも常に必要だし有用だ。それらが消え去ることはないし、実際には微生物やコンクリートのようにわれわれの文明の多くを支え続けるだろう。しかしわれわれの生活やテクノロジーにおいて最も大切な側面——最もダイナミックで最も価値があり、最も生産的な面は新たなフロンティアにあり、そこでは不確かさやカオス、流動性や質問の数々が広がっているのだ。答えを生み出すテクノロジーはずっと必要不可欠なままであり、おかげで答えはどこにでもあり、すぐに得られ、信頼できて、ほぼ無料になる。しかし、質問を生み出すことを助けるテクノロジーは、もっと価値のあるものになる。

ケヴィン・ケリー『〈インターネット〉の次に来るもの』（NHK出版、二〇一六）三八一～三八二頁

これまで出版されたすべての本、インターネット上にアップロードされたすべての情報、その他あらゆるコンテンツとコミュニケーションをＡＩが飲み込んだとき、あらゆる「問い」に対する「答え」の精度はより正確になっていくはずだ。未来学者のレイ・カーツワイルは、いずれ人間の限界をＡＩが超えるときのことを「シンギュラリティ（技術的特異点）」と名付けた。けれどケリーは「最後にはＡＩが神のような知恵を持って存在する問題すべてを解けるところまで到達してしまい、人類を置き去りにする」ような「強いシンギュラリティー」のシナリオは起こらないという立場をとっている（同、三九〇頁）。あくまでＡＩと人間は「複雑な相互依存」へと向かっていくだけだ。たしかにその変化は、いまの人間の理解を超えたものとなるかもしれない。けれど、どれだけ「答え」がＡＩから導き出されても、それを超える「問い」を持つのが人間である、とケリーは考える。

どんな未来が訪れるかはわからない。けれど、これから未来に向かってＡＩがどんどん発達し、あらゆる「答え」を「すぐに得られ、信頼できて、ほぼ無料」で導き出すようになるとして、それでも人間が本を読むべきだとすると、そのときの本とは「問い」を立てる力を養うものであるはずだ。

どのような本が「問い」を立てる力を養うかは、意見が分かれるだろう。これまでぼくたちは、何かわからないことや困ったことなどの「問い」があると、ときに「答え」を本に求めてきた。いまは、少なくともことばの意味や冠婚葬祭のマナーなど、シンプルな「答え」が存在するものについては、キーボードでタイプするまでもなく、Alexaに訊けばすぐにわかる。けれどその「問い」が一筋縄では「答え」が出ないものであればあるほど、本に書かれた「答え」らしきものが、また次の「問い」を生む。江戸時代の例に戻れば、「草紙屋」が扱うのは実用や娯楽といった欲望に対する「答え」であり、「物之本屋」が扱う学問や教養といったものは次の「問い」を生みやすい、ともいえるかもしれない。とはいえ「質問を生み出すことを助けるテクノロジー」が、どんどんより高度な「問い」に答えるようになるのも間違いない。

けれど少なくとも、「本とは、問いを立てる力を養うものである」と定義してみることは、本が未来の人間にとっても必要なものであり続ける、その可能性につながっている。

そう遠くない将来、ケリーが言うように「世界のすべての本が一つの流動的な構築物になり、言葉やアイデアを相互につなぐようになる」とする。目の前のAlexaに訊けば、そこからなんでも「答え」を検索してくれる。そのときぼくたちは、そもそも何を話しかけるのか。話しかけることば、すなわち「問い」を生むのが本であると考えるのは、これからの時代の本屋にとって、悪くない定義のように思える。

本屋が本として扱っているもの

本とは何か、ここまで考えてきた。ＩＳＢＮがついているか否か、出版流通に乗っているか否か。印刷され製本されているか。いや、電子書籍が本なら、ウェブサイトも本ではないか。フィニッシュしたもの？　編集されたもの？　論点やナラティブ？　すべてのコンテンツが、すべてのコミュニケーションが、もはや読み得るすべてのものが、本かもしれない。けれどすべてが等しく「本らしい」とは思えない。たとえば「答え」を求めて本を読む時代は終わる。「問い」を立てる力を養うものこそが本だとするのもよいかもしれない。すべてが、あくまでひとつの考え方でしかない。

前章の最後で、「本屋」は「場所」というよりも「人」を指すことばであり、「本をそろえて売買する人」あるいは「本を専門としている人」のことであると書いた。だから、そこでどんな本を扱うかを決めるのは、「人」であるところの「本屋」本人だ。

「本」を厳密に定義することは不可能だ。遠回りをしたようだが、いったん「本」を広く捉えてみることで、読者のみなさんそれぞれに、自分なりに「本らしい」と感じるものについて考えてもらうために、ここまで書いた。読んでいて違和感のある箇所があれば、そのあたりにあなたの「本」と「本でないもの」との境界が隠れている。

結局はそれぞれが、自分が本だと思うものを本だとするしかない。いわゆる循環定義であることを承知で書くなら、狭義の本は「多くの人が本だと認めるもの」、広義の本は、「本屋本人が本だと認めるもの」、あるいは「本屋が中心的な商品として、積極的に扱いたいと考えているもの」とするのがよい、とぼくは考えている。本屋が本として扱っているものが、その本屋における本である、ということになる。

たとえば、箱に入ったレトルトカレーを、棚に並べて販売している本屋がある。パッケージの側面にカレーの名称が記されていて、棚に入れると本のタイトルのように見える。もちろん狭義には、カレーは本ではない。けれどそこで働く人が、そのカレーを単なる苦しまぎれの副商材としてではなく、本と同列に文脈を考えながら陳列し、積極的に販売するとしたら、その仕事ぶりは「本屋」らしいと感じる。そのとき広義には、カレーも「本」であるといえる。

実はこの話は前著『本の逆襲』に「カレーも本である」という見出しで書いたことなのだが、前後の文脈抜きにそこだけが取り出され、批判されることも多かった。だからこそ、装丁家の桂川潤氏がその著書で、丁寧に言及してくださったことには頷いた。

とはいえ、装丁を生業とする筆者にとって、カレーはやはり「本」ではない。ここでパッケージデザインとブックデザインの違いが鮮明となる。本体の保護と広告機能という点は共通だが、装丁は本体と不即不離の存在だ。装丁は本の内容と現実世界を結ぶ「橋がかり」であり、用済みになれば捨てられるパッケージとは異なる。

桂川潤『装丁、あれこれ』(彩流社、二〇一八)一四一頁

ある書店員にとって、本と同列に販売し得るカレーは「本」であるかもしれない。けれどあるブックデザイナーにとって、本と同列にデザインし得ないカレーは「本」ではない。「本屋」としての仕事の違い、その仕事に本人がどう取り組むかの違いであって、どちらも正しい。本屋が本として扱っているものが、その本屋における本である。けっして煙に巻こうとしているわけではないことは、ご理解いただけるだろうか。次章から、本屋として生きる側の視点、すなわち「屋」の視点に移るにあたり、とりあえずここを出発点としたい。

* 「本」は物体のことではない。それは持続して展開される論点やナラティヴだ
https://wired.jp/2012/01/28/future-of-reading-kevin-kelly/

第3章

本屋になるとはどういうことか

本を専門としている人

「書店」とは、「商品」としての本を陳列する本棚と平台のことであり、それらが構成する「本を陳列した場所」であると書いた。どちらかといえば「場所」を示すことばだ。また、江戸時代において書店が、扱う内容によって「物之本屋」と「草紙屋」とに分かれていたことも述べた。

ところが現代日本の書店は、扱う内容ではなく、本の状態によって大きく分類されている。新品であれば「新刊書店」、古本であれば「古本屋」や「古書店」と呼ばれる。ほかに「本を陳列した場所」として思い当たるのは「図書館」だが、あまり「書店」とは呼ばれない。「商品」として陳列されているわけではないからだろう。

一方「本屋」とは、「本をそろえて売買する人」あるいは「本を専門としている人」のことだと書いた。どちらかといえば「人」を示すことばだ。

すると「本屋」に含まれるのは、必ずしも「新刊書店」や「古書店」などの「書店」で働いている人だけではない。「図書館」で働いている人も、みな「本を専門としている」から、広義では「本屋」であるといえるだろう。直接的に「そろえて売買」はしていなくとも、「本を専門としている」人は、実はたくさんいる。

たとえば、多くの新刊書店においては、夜の閉店時には、玄関口近くなどの決められた場所に、返品したい本を段ボール箱にまとめて積んで、鍵を閉める。すると翌朝出勤したときには、新しく出たばかりの本や注文してあった本の荷物に、まるで魔法のように入れ替わって、同じ場所に置かれている。もちろん魔法ではない。深夜のうちに、運送会社のトラックがやってきて、返品分を引き上げ、納品分を置いていくのだ。大抵は一人のドライバーが、配送ルート上にある各書店の鍵を預かっている。

まるでサンタクロースのようなこのトラックのドライバー抜きに、新刊書店は成り立たない。大半は「本を専門として」配達をしているから、このドライバーも広義の「本屋」であるといえるだろう。ほか、出版社や取次、印刷屋や製本屋はもちろん、前述の桂川氏のようなブックデザイナー、挿絵（さしえ）を入れるイラストレーターなど、「本を専門として」働いているあらゆる人はみな「本屋」であるといえるし、そういう気持ちが強い人であればあるほど、より「本屋らしい」人であると感じる。

本屋といって多くの人がイメージするのは、「本をそろえて売買する」と同時に「本を専門としている」、新刊書店や古書店で働いている人のことだろう。本書でも、狭義ではそう考える。けれど一方で、必ずしも「本をそろえて売買する」わけではないけれど、「本を専門としている」人のことも積極的に、広義の「本屋」と呼んでいきたい。本は、そういう人たち抜きには成立していないからだ。

最初に配るアンケート

ぼくは「これからの本屋講座」という、「本屋」になりたい人向けの講座を不定期で開催していて、以下のような告知文を出している。

本をめぐる環境が大きく動いている今こそ、様々なスタイルの「本屋」の可能性があります。

「飲食業界の未来」と「食の未来」、「アパレル業界の未来」と「ファッションの未来」とが別であるように、「出版業界の未来」と「本の未来」とは、別のものです。「出版業界の未来」は、少し暗いかもしれないけれども、その中で生き残っていくための方法はあるはずだし、「本の未来」に至ってはむしろ明るく、可能性の海が広がっています。

この講座は、これから広い意味での「本」を扱う人＝「本屋」をめざす人のための講座です。

「今はまだ難しいけれど、いつか書店を開業してみたい」「仕事の傍ら、何か本に関わる楽しいことをやってみたい」というゆるやかな関心を持っている人から、「開業すべく準備をしているので、情報や仲間が欲しい」「勤めている会社に、本に関わる新規事業を提案するための、アイデアを練りたい」という具体的な目標を持っている人まで、広く対象としています。現在の本をめぐる環境についてレクチャーしながら、参加者それぞれ個別の「本屋」のイメージを具体的な事例として、実現に向けて踏み出していただきます。

卒業生は、既に実際にリアルの店舗を構えて営業している人、開業に向けて仲間集めや物件探しをしている人、リトルプレスの創刊に向けて取材をはじめている人、本好き向けのイベントの企画やアプリの開発を進めている人から、まずはイベント出店やネットショップなど小さな活動からスタートすべく準備をしている人、未来に向けてとりあえず引き続き妄想を膨らませ続けている人まで、多種多様です。

たくさんの「本屋」の妄想が、少しずつ現実のものへと進んでいくプロセスを目の当たりにできるのが、この講座の一番の醍醐味だと思います。

これからの本屋講座 第一〇期 http://bukatsu-do.jp/?eventschool=honya-10th

いまのところ横浜でやっていて、一〜一〇期までの受講生がいるが、必ずしも東京や横浜近郊に住む人ばかりではない。盛岡の雑居ビルで平日夜と週末だけ本屋をやりたいという人、名古屋在勤だが実家のある高松で本屋をやりたいという人、大阪で一軒家を借りて主夫として子育てをしながら本屋をやりたいという人、倉敷で自宅の一階に絵本専門店を開業したいという人、和歌山や沖縄で既に書店をやっているが、店をよりよくしたいという人などが、新幹線や飛行機や夜行バスに乗って来ている。

また、告知文にも書かれている通り、必ずしもそのようなリアルな店舗を開業する人だけが対象ではない。それぞれの受講の動機を知るために、その講座の第一回で、最初に以下のようなアンケートに答えてもらうようにしている。よろしければ本書を読む動機として、読者のみなさんにも考えてみてほしい。

A　どうしてあなたはこんなところに?

1．何らかの「本屋」を、すでにやっていて、それをよりよいものにしたいから

2．何らかの「本屋」を、これから（　　　ヶ月／年）後に、具体的にはじめる予定があるから

3. 何らかの「本屋」を、これから（　　　ヶ月／年）後くらいに、はじめられたらいいと思うから
4. 何らかの「本屋」を、まだいつになるかはわからないけど、いつかはじめられたらいいと思うから
5. 何らかの「本屋」を、はじめるつもりもないけれど、人の話を聞いたり、妄想したりしたいと思うから

B　あなたの生活における、Aで答えた「本屋」の位置づけは？

1. その「本屋」は、独立した本業（生計を立てるだけの収益が必要）
2. その「本屋」は、最初は個人的な副業（少々の収益もひとつの目的である）で、いずれは独立した本業
3. その「本屋」は、あくまで個人的な副業（少々の収益もひとつの目的である）で、本業とは別
4. その「本屋」は、あくまで個人的なライフワーク（収益を目的としない）で、本業とは別
5. その「本屋」は、本業として所属する組織の、直接的に収益を上げる事業（収益事業）のひとつ

6．その「本屋」は、本業として所属する組織の、直接的に収益を上げない事業（宣伝・広報、ブランディング、ＣＳＲ、Ｒ＆Ｄ、教育、社内コミュニケーション、福利厚生など）のひとつ

Ａで確認しているのは、具体性だ。さきほど挙げたような遠方から通う人たちは、受講料よりもはるかに高い交通宿泊費を払ってでも来るぶん具体性が高く、1や2を選ぶ人が多い。一方、近郊の受講生は必ずしもいますぐ店を始めたい人ばかりではなく、もちろん1や2を選ぶ人もいるが、3や4や5を選ぶ人も多い。

Ｂに進むと、「本業」や「副業」、「ライフワーク」といったことばが出てくる。申込時に告知文をじっくりと読んでいない場合はとくに、言われて初めて「そういう考え方もあるのか」と気づくこともあるだろうと考えて、イメージを膨らませてもらうためにこの項目を入れている。

本屋で生計を立てられるか

マスメディアで頻繁（ひんぱん）に取り上げられるような目立つ本屋も増えているので、たまに勘違いされていることがあるが、もしそうした本屋を単に「最近流行の儲かっているビジネス」として

捉えている人がいたら、ここで考えをあらためたほうがよい。

たとえば、落ち着いた内装で、雑貨なども売っていて、カフェを併設しているようなスタイルの本屋は、たしかに最近増えている。ビジネスとして、うまくいっているように見えるかもしれない。けれどぼくの知る限り、それらの多くはまだ実際は試行錯誤の段階で、利益の出ていない店もたくさんある。もともとそのまま続けるのは厳しいような状況にあって、成功事例の表面だけをなぞってリニューアルしたとしか感じられない店もあり、そういうところは概して苦しんでいるように見える。

何かビジネスをはじめたい。どうやら本屋が流行っていそうだ。そういう順番で本屋という選択肢にたどり着いた人がいても、もちろん構わない。とにかく本屋が増えるのは喜ばしいことで、むしろそういう人にこそ変革ができるという考え方もあるかもしれない。けれど、本を売ることをビジネスとして成り立たせる、それでひとりの人間が生計を立てるということが、簡単な道ではないことは、覚悟しておく必要がある。

どちらかといえば、厳しいことは最初からわかっている、それでもどうしても本屋がやりたい、という人を想定して本書は書かれている。なんとしても本屋を本業として生計を立てていきたいという人も、やれないことはない。とくに、家賃がかからない物件を持っていたり、書店員として勤めた十分な経験があったりする人は有利だ。また、物件も経験もなくとも、本を売ることと、自分の得意とする別のこととを上手に掛け算することができれば、可能性は広がる。

その可能性をできる限り具体的に、網羅的に示すことも、本書の大きな目的のひとつだ。後半ではそこに多くのページを割く。

生計を立てなくても本屋

一方で、ぼくは「本屋」になりたい人に対して、まずは副業として、あるいは収益を目的とせずにライフワークとして楽しむという考え方も、積極的に広めていきたいと思っている。

本が好きな人にとって、「本をそろえて売買する」ことは楽しいし、「本を専門として」生きていくことは幸せだ。その楽しさや幸せを享受（きょうじゅ）することと、生活のためのお金を稼ぐことは、必ずしも同じ営みによって満たさなくてもよい。

たとえば昼間は全く違う仕事をして、夜や土日の時間を使って「本屋」としての活動をする。「本をそろえて売買する」だけなら、誰かの店を間借りしてもいいし、フリーマーケットや一箱古本市などに出るのもいい。本を紹介するブログをやっている人も、ボランティアで読み聞かせをしている人も、みなその時間は「本を専門としている」と言える。

そういう活動を「そんなものは、仕事ではなく遊びだ」という人もいるかもしれない。けれど大手書店チェーンでさえ、鉄道会社や印刷会社が親会社だったり、全く別の事業を手掛けていたりしながら、店で雑貨を売ったり、カフェを併設したりしている。果たして、書店業を成り立たせるためにカフェを併設することと、昼間はカフェで働き週末に「本屋」としての活動をすることとに、前者は立派な「仕事」で、後者は単なる「遊び」だと揶揄されるほどの差があるだろうか。それらは異なる営みではあるが、店の空間を分割するか、個人の時間を分割するかの違いでしかないとも言える。

また、「本をそろえて売買する」ことや「本を専門としている」ことを通じて、利益を出すことを第一義としてしまうと、やりたかったことと相反することも起こる。たとえば本来は専門ではなかったり、扱いたくないと感じる内容の本を、利益のためにやむを得ず売るようなことだ。けれど本で生計を立てなくてよいのであれば、そうしたことも起こらない。自分が本当に揃えたいもの、専門としたいものだけを扱えばよい。むしろ副業やライフワークとしてやっている「本屋」のほうが結果的に、純粋に扱いたいものだけを扱いやすいという逆転が起こる。

これは「本屋」に限った話ではない。この世界に存在するあらゆるモノやサービスを見渡して、ひとつずつ確認してみると、その多くが営利を第一としてつくられているとわかる。それらを生み出している主体においては、どんなに面白い企画でも、利益を生まなければ実現されない。すなわち逆に考えると、利益を生まなくてもよいと決めたとたん、実現できる企画の幅は圧倒的に広がる。むしろ割り切ったほうが、無名でも人から注目されるような、面白い企画を生みだしやすい。ぼくはそうした活動を「お金をもらわない仕事」と名づけて、二十代のころから並行して続けてきた（そのあたりは二〇〇九年に上梓した初めての単著『本の未来をつくる仕事／仕事の未来をつくる本』〔朝日新聞出版〕に詳しく書いた）。

一方で、どんな企業の中にも直接的に収益を上げない部門はあり、その中には広義の「本屋」と呼べるような活動も多くみられる。宣伝や営業ツールを兼ねた本を出版したり、広報誌を発行して顧客に配ったり、本のある空間を社内につくり、それを社員教育や社員同士のコミュニケーションの活性化のツールとしたり、ブランディングのためにその空間を社外にまで開放して活用したり、といったようなことだ。扱う商品によっては、宣伝プロモーションの一環として書店と組んだり、自社で書店を運営してしまったりするような例もある。

だから、いま会社勤めをしていて、漠然と「本屋」になりたいと考えている人には、いきなり会社を辞めて独立開業を目指す前に、まずは平日の勤務時間外の時間や休日をつかってできることや、自分が勤めている会社の中でできることで、小さくはじめられることがないか、検討してみることを勧める。そのほうがリスクが小さいだけでなく、利益を度外視することで、注目される企画になりやすい。最初はあくまで副業としてはじめて、軌道に乗ってきたら本業にするということでもよいし、最初からビジネスは目的とせずに、ライフワークとしてやりたいことを徹底的にやるのでもよい。

そういう、リスクの小さな本屋が増えることは、本人にとってだけではなく、豊かな「本」の未来をつくっていくために必要なことだと、ぼくは考えている。

とくにいわゆる出版業界、出版社や取次や書店などを経営していたり勤務していたりする人の中には、折に触れて「本の仕事は儲からない」と愚痴を言い、若い人が「本屋」になりたいなどと言うと、「本屋など未来がないからやめておけ」と自嘲気味にアドバイスする人がいる。そういう行為こそが、「本」の未来の可能性を潰している。「本をそろえて売買する人」や「本を専門としている人」がいなくなれば、それこそ「本」はどんどん弱っていってしまうだけだからだ。

いま自発的に「本」に関わろうとする人の多くは、程度の差はあれ、ビジネスとして厳しいことはある程度自覚した上で、それでも「本屋」のことを考えている。そんな人が目の前にいるとき、むしろじっくりと話を聞き、考えうる限りの選択肢を示すことこそ、本に関わる仕事をしている人間のすべきことだ。それを明示することも、本書の目的のひとつである。

どう「本屋」を人生に取り入れるか。やや大げさかもしれないけれど、それを前向きに考え、実践する人が増えることは、バリエーション豊かな「本屋」を生むことになり、結果的に「本」を愛する人に返ってくるはずだ。

一番身近な本屋は親

とはいえ、「本をそろえて売買する」には仕入れをしなければならないし、「本を専門としている」といえるほど自分の知識に自信がなければ、いくら小さくはじめるといっても、ハードルが高いと感じられるかもしれない。

けれどぼくは、必ずしも最初から「そろえて売買」をしなくてもよいし、「専門」というほど知識がなくとも、単に本を選んで手渡す側と受け取る側という関係が成立すれば、手渡す人を広義の「本屋」と捉え、そういう人を増やしていきたいと考えている。

そう考えたとき、一番身近な「本屋」のかたちは、親である。多くの場合において、子どもが最初に手にする本は、親が選んで買い与えたり、読み聞かせたりするものだ。あなたが自分のお金を持つようになる前の、小さな子どもの頃から本好きだったとするならば、あなたの親はあなたにとって「本屋」だったはずだし、もしあなたに子どもがいて、本を選んで買い与えているとするならば、あなたは既にその子どもにとって「本屋」であるといえる。

子どもを本好きにしたい、と考える親は多いはずだ。そのためには、書店や図書館に連れて行くことはもちろんだが、家にも大きな本棚があり、親も面白そうに本を読んでいる姿を見せることが大事だ、と言われている。子ども向けの本も並んでいる。けれど親はより難しそうな、大人向けの本を読んでいる。少し興味を示すと「これは大人向けだから、まだ読めないよ」などと言われ、子どもの側も余計に気になる。いつか読めるようになりたい。そのような、本に興味を持つように子どもの環境をつくることは、言い換えれば、子どもにとってのよき「本屋」になるということだ。

もちろんこれは、親子間に限らない。先生と生徒、友達同士など、いろんな関係性の中に本を手渡す「本屋」がいる。先生や友達に何気なく勧められた本が、自分の人生にとって大切な一冊になり、それがきっかけで本を読むようになったという人も多いはずだ。よき「本屋」との出会いなしに、人が本好きになることはあり得ないといっても過言ではない。

そのような意味で、本書を手に取るような人は、既に誰かにとっての「本屋」になった経験がある人が多いのではないかと思う。

店とは、話しかけられる側の人

とはいえ「本屋になりたい」と考える多くの人がイメージするのは、店舗があり、そこではたらく自分の姿だろう。もちろんオーナーとして店舗を経営したい人もいるだろうが、実際にはじめれば、まったく店頭に立たないというわけにもいかない。

インターネットが普及して以降、あらゆる業界で、リアル店舗をもつことの意味が変化したことは自明だ。多くの人が一日の大半を端末を見つめて過ごすような時代に、リアルの店舗に足を運んでもらうのは、簡単なことではない。

リアルの店舗にある要素は、大きく分けると三つしかない。一つ目が物理的な空間、二つ目が実際に手に取れる商品、そして三つ目が店員という生身の人間だ。VRの技術はおそらくその順番でリアリティを増していく。最後まで代替(だいたい)が難しいのは三つ目の生身の人間であり、小売のことばでいえばそれは接客だ。

たとえば一人暮らしをしている人が、休みの日にほとんど家にこもった結果、その日はコンビニの店員としか会話しなかった、というのはよく聞く話だ。現代の日本、とくに都心部に住んでいる大半の人は、たとえたくさんの人が歩いていて、よほど誰かと話したいと感じていたとしても、その中の誰かに突然話しかけたりはしない。

けれど街の中には唯一、店員という、いつでも話しかけてよい人、あるいは勝手に話しかけてくる人がいる。もちろん店員と話すのにも気後れする人はいるだろうが、少なくとも話しかけてよい状態に開かれている。実際に話しかけるかどうかとは関係なく、いつでも話しかけてよいという事実が、店に訪れる客を、街全体を安心させる。

なので「本屋」として店舗を構えるということは、そこではたらく自分が、知らない誰かにいつでも話しかけられる側の人間になる、ということでもある。実際は、本屋はどちらかというと、接客の少ない商売だ。客の側には、できるだけ接客されたくない、最低限の会話だけにしたいという人も多く、実際にはレジを打つときくらいしか会話は交わさないことが多い。けれどそのぶん、客は気軽に入ってくる。本屋ほど、自由に入って何も買わずに帰っても、得るものが多い業態はあまりないので、他よりも相対的に集客力がある。店員の側は、営業している以上、どんな客からも不意に話しかけられるということから逃れられない。

店が開いているというだけで、街にとってはひとつの価値だ。ましてや本屋という、お金を使わずとも世界を一周できてしまう店はなおさら、街にもたらす価値は大きい。

店を構えることについて考えると、つい内装や品揃えなどのサービス側や、そのためにかかるコストの側から考えがちだが、核となるのは、そこではたらく人間だ。自分が店に立つとき、自分は街の一部として、話しかけられる側の人になる。頻繁に訪れてくれる近所の人もいれば、遠くからわざわざ目がけて訪ねて来てくれる人もいる。開店しているその時間は、大小の差はあれ、不特定多数の他人に対して、気持ちを開いていなければならない。

どのような「本屋」としてそこに立つのか。気さくなのか、ぶっきらぼうなのか。本について自らが多くを語るのか、それとも品揃えで静かに語るのか。そのことも、考えるべきことのひとつだ。

紙の本の扱い方は変わっていく

もうひとつ、「本屋になりたい」と考える多くの人がイメージするのは、紙の本を商品として扱う姿だろう。考えようによっては、電子書籍やウェブサイトを扱う人をはじめ、あらゆる人が広義の「本屋」になり得る。けれど少なくとも自分の講座に来る人を見ていると、紙の本を扱いたいと考える人が圧倒的に多い。

いま紙の本を扱っていると、「電子書籍についてどう思っているのですか」とよく聞かれる。みな過渡期にあることを感じているから、紙の本を扱う人がどう考えているのかが気になるのだろう。いろいろ議論をすると、「少なくとも、紙の本がなくなることはない」という結論に落ち着きやすい。

パピルスは紙が導入されてからも地中海沿岸を中心とする地域で何世紀も使われつづけた。羊皮紙はいまだに使われている。ガスや電気ストーブが発明されても暖炉（だんろ）がなくなることはなかった。印刷ができるようになっても人はペンで書くことをやめなかった。テレビはラジオを駆逐しなかった。映画は劇場をなくせなかった。ホームビデオも映画館をなくせなかった。が、今挙げたものはどれも誤った予測をたてられた。電卓がそろばんの使用を終わらせることさえできなかったのに。（……）新たなテクノロジーは古いテクノロジーを排除するというより選択肢を増やすのだ。コンピュータはまちがいなく紙の役割を変えるだろうが、紙が消えることはけっしてない。

マーク・カーランスキー『紙の世界史』（徳間書店、二〇一六）一一頁

たしかに、おそらく、紙の本はなくならない。けれど、なくならないからといって、立ち位置が変わらないわけではない。いままで紙で楽しんでいたものを、デジタルディスプレイで楽しむようになる人の割合はいまも増えていて、これからもしばらく増え続ける。だから、紙の本をつくり、売るというビジネスが、いまの規模で続いていくかというと、残念ながらそうはいかない。

テクノロジーの歴史はまた、ラダイト（＝テクノロジー嫌いな人々）はかならず負けるということを教えてくれる。初代のラダイトは十八世紀から十九世紀初頭のイギリスの熟練工だった。彼らは低賃金で働く未熟な労働者が動かす機械に自分たちの腕が負けることに抗議した。（……）

カール・マルクスは主著『資本論』のなかで、ラダイトの失敗は社会ではなく機械に反

対したからだ、としている。マルクスはこう述べた。「ラダイトの過ちは機械化と資本による雇用とを区別できず、攻撃の方向を誤ったことだ。攻撃するべきは製造機械ではなく、それらの使用形態だった」

要はテクノロジーそのものを糾弾(きゅうだん)しても無益だということだ。むしろ、テクノロジーが生みだされた目的に適(かな)うように社会の仕組みを変えなければならない。

マーク・カーランスキー『紙の世界史』（徳間書店、二〇一六）一一一～一一二頁

「紙のほうが優れている」「紙の本の文化を失くすな」と真っ向から叫ぶ、かつての「ラダイト」のような人々は、いまも残念ながら多い。けれどテクノロジーの流れには抗えないということは歴史が証明している。デジタルの本を愛せる人、その最先端に身を置ける人であれば、未知なる可能性が広がっているそちらの道に、果敢(かかん)に進んでいくほうが面白いかもしれない。

一方、やはり紙の本を扱っていきたい場合でも、テクノロジーの現在を知らずにいることは得策ではない。コンテンツはもちろん、紙の本にまつわるコミュニケーションさえも、すでに大部分がインターネットで流通している。ＳＮＳでの評判を気にしたことがない著者や編集者はいないだろう。その流れはさらに加速する。もちろん、あえて情報発信を限定し、小さなコミュニティを相手に、できるだけテクノロジーと無縁であることを強みとする形もあり得るか

もしれない。けれどその前提となるテクノロジーを知っていないと、やがて距離の取り方そのものがわからなくなってしまうはずだ。

　とはいえデジタルの本は可能性が大きすぎて、巨大なプレイヤーがしのぎを削っているし、リアルな場所と関係がないから、世界中に強い競合相手がたくさんいる。一方、紙の本の世界ではシフトチェンジが難しく、巨大なプレイヤーがどんどん弱っている。現行の出版流通の仕組みへの依存度が高い大型書店や取次など、その事業規模が大きく歴史が長いほど、変化には時間がかかり、痛みも伴う。逆に小さくて新しくはじめるところであればあるほど、簡単に時代と寄り添い、合った形ではじめることができる。変化が大きな時代だからこそ、紙の本を扱う小さな本屋をはじめるには、いまは面白いタイミングだといえる。

いま紙の本を選んで届けることのささやかな意味

二〇一六年を象徴する「今年の言葉（Word of the year）」として、英国の辞書オックスフォードが「ポスト・トゥルース（post-truth）」を選んだことは、記憶に新しい。アメリカ大統領選における偽ニュース問題と時を同じくして、日本では「WELQ」騒動が重なった。

　ブレグジット、トランプ、そしてDeNA以降の社会のありようを、海外のメディアは秀逸にも「post truth」（ポスト・トゥルース）と名付けた。のどごし勝負の市場原理、すなわちニーズ至上主義と、それをドライヴすることにおいてなににもまして威力を発揮するデジタルテクノロジーが手を組むことによって生み出されたこの奇怪な現象の奇怪さは、それを批判したところで批判がまったく意味をもたないという点にある。

なんせ相手は閉じた系のなかでウィンウィンの関係にあるのだ。である以上、その系のなかにいる人間は、外部に耳を貸す義理もなければ義務もない。いや、市場という外部の信任を得ている以上、それは「正義」ですらある。そこでは議論はおろか、対話すら成立しない。

若林恵『さよなら未来』（岩波書店、二〇一八）四〇三〜四〇四頁

インターネット上に無料で置かれるコンテンツの多くは、どれだけの人に見られるかという数字を成果として求められる。テレビでいうところの視聴率のように、ウェブメディアではページビュー（PV）、SNSではリーチ数やシェア数、フォロワー数などといった数字で表される。それらはビジネスにおいてはコンバージョン（CV）や広告収入という形の、個人のプライベートにおいては承認欲求の充足という形の、いわゆる報酬になる。

その結果、二〇一八年現在のインターネットには、真実か否かよりも市場原理が優先された、

反射的にクリックしたくなる「ニーズ」に沿ったタイトルをつけられた「のどごし勝負」の情報があふれている。それらの情報は、検索などで能動的に選び取られるだけでなく、パーソナライズされたアプリやSNSのフィードによって受動的に届けられる。同じインターネットを見ているようで、ひとりひとり違う、自分に都合のよい情報にさらされている。個人の意見を述べているつもりの主張が、だれかの利益を補強していく。

　こうした「ニーズ至上主義」的情報の多くは、いわば娯楽や実用のための情報であり、現代の「草紙」であるといえるかもしれない。インターネット上だけでなく書店の店頭にも、そうした本は並んでいる。いかにも「ニーズ」に沿った、わかりやすく欲望を刺激する、ネットで流れて来たらいかにもクリックしたくなるようなタイトルの本が、山ほどある。さらにいえば、信憑性（しんぴょうせい）の薄い「ニセ医学本」や、差別意識を煽（あお）る「ヘイト本」などは、まさしく「ポスト・トゥルース」的な本だ。そしてこれらはいまに始まったことではなく、ずっと前から存在する。

　それらの本はもちろん「ニーズ」があるので、大量の部数が刷られ、まとまった数が売れる。多くの旧来型の書店では、よほど誰かが意志をもって拒否しない限り、出版流通に乗っているその手の本は自動的に入荷する。同じシステムのもとで、どのような本も分け隔てなく扱うことこそ、特定の思想に偏ることなくフラットで、本屋のあるべき姿である、と考える人もいる。けれどぼくは、その考えには明確に反対する。その先には、本屋までがテクノロジーに吸収される未来しか待っていないからだ。

紙の本のほうが、情報源として信頼できるという考え方がある。しかしそれは、インターネットユーザーが少数派だった時代の、とっくに過去のものだ。インターネットには確かに「ポスト・トゥルース」的な情報があふれていて、大多数はそれに流されてしまうが、一方で注意深くその情報にまつわる言説を眺めていれば、度を超えた偏りや明確な間違いは誰かによってすぐに指摘され、必要に応じて瞬く間に修正される。

一方、紙の本は独立して存在する印刷物で、それを読んだ人にしかわからないぶん、気づかれにくい。気づかれたとしても、インターネットと接続していないから、その情報の悪質さが拡散され修正されるというようなことが起こりにくい。いま、手に取った人を間違った方向に導きやすいのはむしろ、明らかに紙の本のほうだ。「ポスト・トゥルース」的な本は、紙の本が長年かけて培(つちか)ってきた信頼を、悪意をもって利用しつつ、食いつぶしている。

『WIRED』日本版の元編集長である若林氏が指摘しているように、「ニーズ至上主義」とテクノロジーは、ものすごく相性がいい。それは「閉じた系」の中でただ加速していくだけだ。売れているのであればよいと「ニーズ至上主義」的に本を売り続けていれば、その需要予測は加速度的に的確になり、自動的に配本(はいほん)されるようになる。やがてロボットによって陳列されるようになり、ＡＩが執筆するようになる。いや、そうなる以前にその手の情報はすべてインターネットに代替され、問いかけるまでもなくAlexaが語りだす。その流れにあるリアルの書店など、確実に必要とされない。

人間の「本屋」にしか生みだせないものがあるとしたら、それは個人の偏りをおそれずに、豊かな偶然や多様性をつくりだし、誰かに差しだすことだ。もちろん個人は万能ではない。けれどそこにはシンプルな、人間同士の信頼関係があればよい。できる限り正しくあろうとする個人が選んだ結果、「ニーズ至上主義」で流れてくる情報とは異質で、ほどよくランダムで、多様な驚きがある。その「本屋」を信頼した客が、その世界に身を置いて出会う偶然をたのしむ。そういう体験を生み出すことこそ、「本屋」の仕事であるべきではないだろうか。

だから、これからの「本屋」の仕事は、本をできるだけ誠実に選ぶことだ。できるだけアンテナを張る。わからないことには無理に手を出さない。新刊の洪水が続く中、自分がわかる範囲で、できるだけ胸を張って、意志をもって差し出せそうな本を選ぶ。個人として、できるだけ正しくあろうとして、少しずつ、全方位的に目配りできるよう努めていく。誰も完璧であることはできない。できていないことも自覚しながら、少しでも誠実な場を提供することで、客との信頼関係を築いていく。

世界を動かすのはことばだ。「本屋」という仕事は、どこかの誰かのものの考え方を変え、感情を動かし、その人が誰かに語りかけることばを変える力をもつ。それは、ときにおそろしく感じられる。けれど、ひとりの「本屋」にできるのは、選ぶことに誠実に向き合い続けることしかない。

自分の仕事が、この世界で「読まれる」ことば、それを通じて「話される」ことばの質にかかわるという自覚。本を手渡す回数を積み重ねることが、世界を変えていくわずかな実感。それは重大だ。けれど、蔓延（まんえん）する「ニーズ至上主義」に個人として抗うことができる唯一の方法だ。せめて身の回りの大切な人々が、単純な快楽に食い物にされないように、ノイズとしてのことばを、その種を蒔（ま）く。そんな手応えを感じられる仕事は、なかなかない。

この先は、いよいよそのための、実践編に入る。具体的に「本をそろえて売買する」つもりの人は次に続く別冊を読んだうえで、当面そのつもりのない人は別冊は読み飛ばして、第4章に進んでほしい。

別冊

本の仕入れ方
大全

1. 本を仕入れる前に

この別冊について

本を売りたい。少しの利益を得るために、定価ではなく、卸値で仕入れて売りたい。とてもシンプルなことなのだけれど、実はこれが、特に新品の本においては、一筋縄ではいかない。

多くの人は、まず「本　仕入」などのワードで、インターネットで検索するだろう。すると、確かに大手の出版取次のサイトも出てくるが、その他一ページ目に出てくる情報のほとんどは「Yahoo! 知恵袋」などのQ&Aサイトで「本の仕入れ方がわからない」などと質問されたものだ。回答はまちまちで断片的で、網羅的なものはひとつもない。「どうやらハードルが高そうだ」ということだけが、はっきりとわかる。自分のやろうとしていることに合った形があるのか、ないのか。肝心の答えはわからない。全貌はまるでわからない。

ネット上になくとも、まとまった「本の仕入れ方」についての本があるだろうとAmazonで検索してみても、残念ながら見つからない。他の業界向けに書かれた、何か別のものの「仕入れ方の本」が出てくるだけだ。

「本屋をやりたい」と漠然と思った人の前にあらわれる、最初の、かつ最大のハードルが「本の仕入れ方がわからない」ことだと、ずっと感じていた。

もちろん仕入れられたからといって、必ずしも店として成立するわけではない。どんな店にしたいのかが一番大切だし、一定量を売ることができなければ、継続するのは難しい。けれどだからこそ、こんな時代にわざわざ「本を売りたい」と思った人が、「仕入れ方」などでつまずくようでは、未来がないに決まっている。「仕入れ方」はできるだけ丁寧に、網羅的にオープンにしたほうがよい。この別冊は、その「仕入れ方」のハードルを下げるために書いた。ぼくが本書を執筆した最初の動機は、この別冊を書くことにある。本を売りたいと思った人に、本の仕入れ方をできる限り網羅し、多くの選択肢を提示すること。そこから、自分に合った方法を選んでもらうことを目的としている。出版業界は広く、細分化されているので、その中で働く人であっても、自分が関わらない業務、自社の取引先でない業態までは、必ずしも全体像として把握しきれていない。そのため、これから本屋をはじめようとする人に、そのハードルを必要以上に高いものと伝えてしまったり、新たな業態やサービスが出てきたときに、それを正当に評価しきれなかったりすることが起こっているように感じる。憚りながら、そのような同業者にも役に立つように書いたつもりだ。

　ただし、あくまで二〇一八年現在の日本に限った情報であることと、細かい部分はケースバイケースであり一般化しきれないことは、留意していただきたい。ともあれ、はじめる前に全体像がわかれば、少なくとも心理的なハードルは、ずいぶん低くなるはずだ。

本が読者に届くまで

仕入れの話をする前に、まずは本が読者に届くまでの、流れをざっと理解しよう。

　著者が、本を書く。出版社が、その本を出版する。取次が、出版社から新刊書店、あるいは図書館に、その本を卸す。新刊書店が読者に売る。あるいは図書館が読者に貸し出す。さらには古書店が、読者から買い取ったものを次の読者に売る。これが本が読者に届くまでの、大雑把な流れだ（図1）。

　本づくりには多くの場合、著者と出版社のほかにも様々なプレイヤーが関わる（図2）。出版社には必ず編集と営業というふたつの機能がある。編集者は、企画を立て、本づくりにかかわるすべてのプレイヤーの中間に立ち、本が出来るまでをディレクションする。編集者と二人三脚で本づくりをするのはデザイナーで、本の造本や装丁、ページのデザインを行う。必要に応

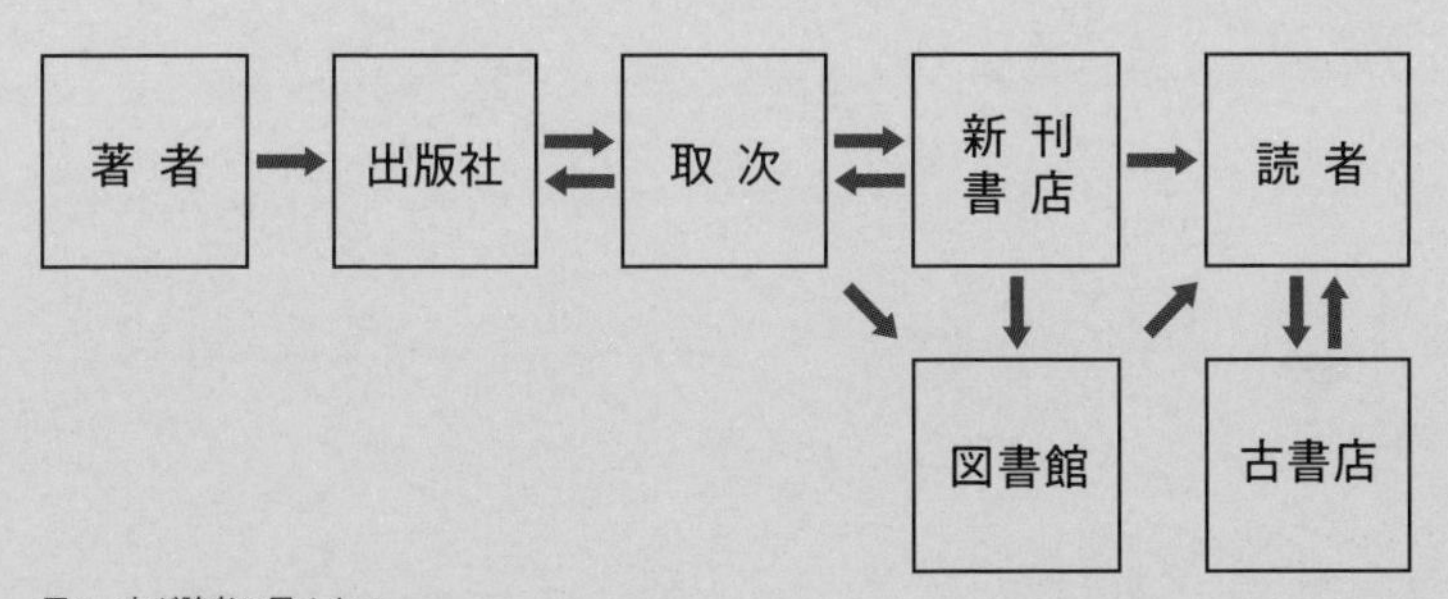

図1　本が読者に届くまで

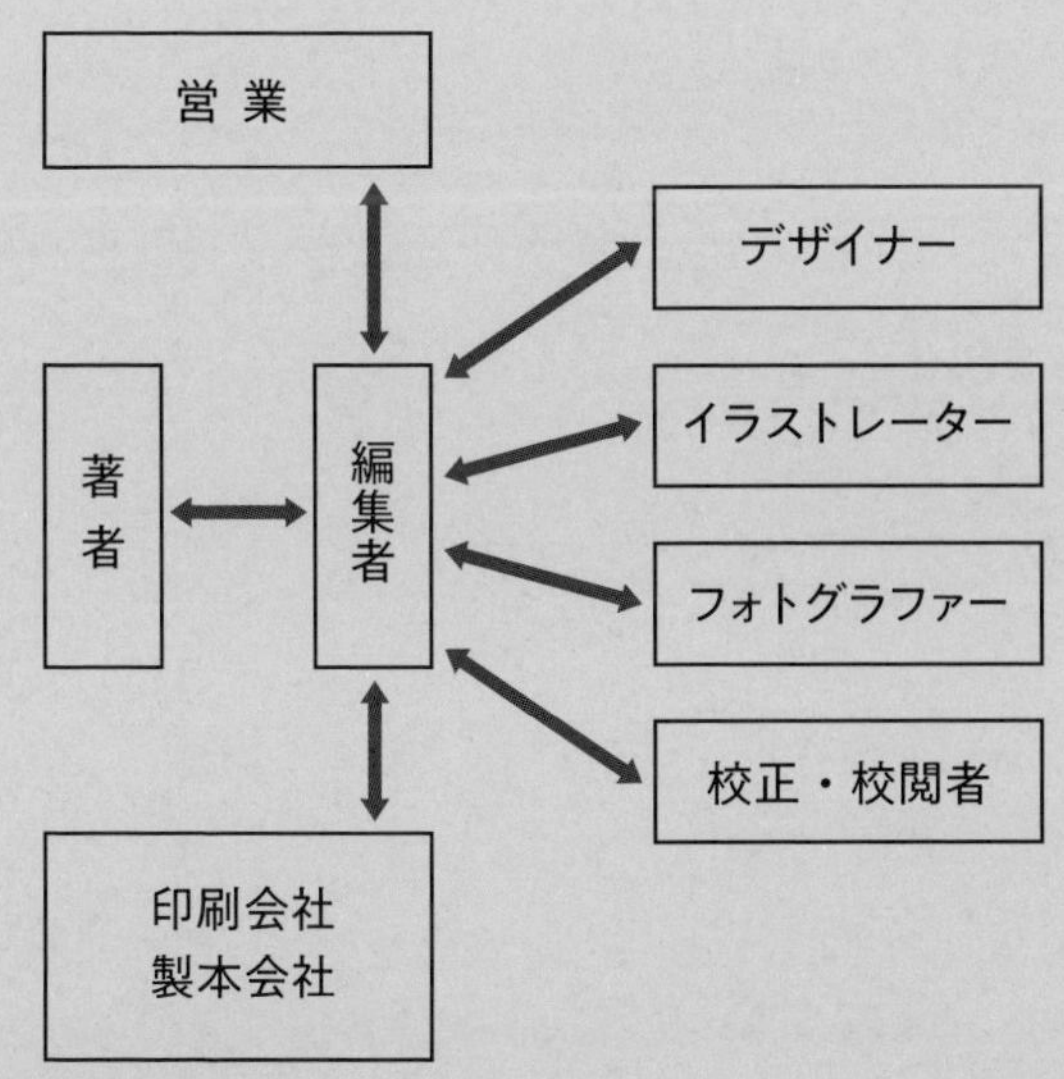

図2　本づくりの過程にかかわるプレイヤー

じて、イラストが必要ならイラストレーター、写真が必要ならフォトグラファーなどと協業して、中身をつくっていく。一方で、印刷会社や製本会社、紙卸商社などと協業して、外側を計画していく。最後に校正・校閲者が加わり、内容に間違いがないかチェックする。こうして、編集者とデザイナーと、各プレイヤーとの何度かのやり取りを経て、本ができあがる。

　できあがった本は、出版社の営業が、主に取次と新刊書店に売り込んでいく。取次は、各書店の事前注文やこれまでの販売実績をもとに、本を書店に振り分けていく。それを配送業者が各地に納品していく。図書館には司書の判断で選ばれた本が、取次や新刊書店、ときに古書店からも納入されていく。

　このようにして本は、読者の手元まで届く。本書では「本を専門としている人」すべてを広義の「本屋」としているが、「仕入れ方」の話をするこの別冊においては、主な対象は「本をそろえて売買する人」になる。

新品？新刊？新書？　古本？古書？

本題に入る前にもうひとつ、初めての人にはややこしくなりがちな、ことばの問題を整理しておく。

「新品」の本を扱う書店のことを、「新刊書店」という。「新品」の本というのは、出版社がその本をつくってから、まだ誰も買っていない本のことだ。一度でも誰かが買うと、仮にそれが一度も開かれていないピカピカの状態であっても、「古本」もしくは「古書」として扱われる。逆に、店頭に長く陳列されてボロボロになった本も、誰も買っていなければ「新品」として扱われる。そうしたものが返品されて出版社に戻ると、それを「新品」としてまた出荷するために、カバーや帯を新しいものに取り替えたり、本をクリーニングしたりする。

　一方、「新刊」というのは、出版されたばかりの本のことだ。だいたい、出版されてから三か月程度までのものを指すが、厳密ではない。書店員が「まだ出版されたばかりだ」と感じていれば、店頭では「新刊」として扱われることが多い。一方、「新刊」でなくなっても、「新品」の本であれば、出版から何年経っていても扱うのが「新刊書店」だ。つまり「新刊書店」とは言うものの、必ずしも「新刊」だけを扱っているのではない。むしろ「新品」の本全般を扱うのが「新刊書店」であると考えてよい。

間違われやすいのが「新書」ということばだ。たまに「新書」ということばを、「新品」あるいは「新刊」の意味で使う人がいるが、残念ながらこれは間違っている。「新書」は「新書サイズ」と呼ばれる、特定の判型の本を指す。「岩波新書」とか「中公新書」といったレーベルの本を思い出してほしい。いずれも縦横の長さはほぼ同じであるはずだ。その判型の本は、「新品」であろうが「古本」や「古書」であろうが、すべて「新書」と呼ばれる。

一方、「古本」や「古書」を扱う店が、「古本屋」もしくは「古書店」だ。「古本」と「古書」、および「古本屋」と「古書店」は、それぞれ区別なく、同じ意味で使われることが多い。ただしニュアンスとして、比較的最近の本、まだ新品で入手可能な本を「古本」と呼び、かなり古い本、入手困難になっている本を「古書」と呼ぶことで、使い分けることもある。たとえばAmazon においては二〇一八年現在、以下のように定義されている。

> Amazon.co.jp では、１８８０年代（明治初期）～１９８０年前半までに発行された、ＩＳＢＮが付いていない本を「古書」と定義し、それ以降に発行されたＩＳＢＮが付いている本を「古本」と定義しています。古書にはある年代に発行された初版などが含まれ、一般的に一部コレクターの間では珍重され、高額で売買されています。
>
> **（Amazon ヘルプ&カスタマーサービス　注文〉商品情報〉古書について https://www.amazon.co.jp/gp/help/customer/display.html?nodeId=200040730）**

Amazon のようなところではマーケットプレイスとしての性質上、厳密に定義せざるを得ないだろうが、実際はこのように厳密に定義されて使い分けられてはいない。ややこしいことだが、もし現時点でこれらのことば遣いに馴染みがなく、一読してわけがわからなくなったとしても、使っているうちにすぐに慣れるので、安心してほしい。以下では総称として、「新品の本」と「古本」を使う。

新品と古本、それぞれの特徴

新品の本と古本では、それぞれ商品としての特徴が大きく異なる。

新品の本は、粗利率が低い。本によっても本屋によっても異なるが、一般論としてはおおよそ二割と考えることが多い。書店が一〇〇〇円の本を売ると、そのうち二〇〇円が粗利となる。なお、仕入価格（**下代**）が、販売価格（**上代**）の八〇%なので、これを商取引上は「八掛」と呼ぶ。この二割の中から人件費や家賃、光熱費を賄わなければならない。わずかに残った額が純利益となる。

なぜ、それほど粗利率が低い商売が成立してきたのか。それは、取次を通じて新刊が自動で入ってきて、それをしばらく並べた後、出版社に返品できるという仕組みがあるからだ。この、取次を通じて返品ができる制度は委託制[*1]と呼ばれ、出版流通の二大制度のうちのひとつである。粗利率が低いぶん、在庫を抱えるリスクも低いので、薄利多売ではあるが安定的な商売ができる、と長年言われてきた。

もうひとつの特徴的な制度は、再販制[*2]である。メーカーが小売店に対し、定価での販売を要請できる制度のことだ。一般的に再販制は独占禁止法で違法とされるが、日本では著作物は例外として認められている[*3]。なので全国津々浦々、どこの書店に行っても、同じ本は同じ定価で売られている。その他の身近な例でいうと、新聞も再販制が採用されている。

一方、古本の場合、値段を決めるのは小売店の側であり、自ずと粗利率も小売店次第となる。しかし一度買い取ってしまえば、もちろん返品はできない。

そのため、古本には買取と販売の、二つの商売がある。安く買うことと、高く売ることは、違う商売だ。よって、買取を専門とする古本屋も、販売を専門とする古本屋もいる。もちろん両方をやる古本屋もいる。

本という意味ではどちらも同じものであるとはいえ、商品として扱うときには、新品の本と古本とでは大きな違いがあることがわかる。

そのため、新品の本と古本とを同じ店で混ぜて売ることは、取次や出版社から、ある時代まではタブー視されていた。客にとって紛らわしい売り方をしてはいけないのは当然だが、流通上、古本として安く仕入れた本が、間違って新品の本として出版社に返品されてしまうと、定価にあたる金額が戻ってくることになり、小売店が不当な利益を得ることにもなってしまうからだ。

しかし近年では、新品の本と古本の区別を明確にし、間違いの起こらないようきちんと管理を行うことで、併売する例も多くなってきた。二〇一〇年には「新刊書店が中古本を併売するに当たっての販売ガイドライン」が公開され[*4]、現状、それに沿う限りは容認されているといえる。

長くなったが、ここまでが前置きだ。ざっくりとした流通の流れと、新品の本と古本とが商品としては別物でありそれぞれの特徴があるということ、きちんと管理すれば同時に扱うことができるということだけ、おわかりいただければと思う。いよいよ本題の、それぞれの本の仕入れ方の話に入ろう。

2. 新品の本を仕入れる五つの方法

(1) 大取次の口座を開く

大取次とは

新品の本を仕入れるにあたり、もっとも一般的なのは、大取次[*5]と呼ばれる取次会社の口座を開き、そこから仕入れる方法だ。

日本出版販売（日販）、トーハン、大阪屋栗田。この三社を指すことが多い。四社目として中央社が加わる。この中でも日販とトーハンの大手二社で、業界のシェアの約八割を占める。大取次であれば、出版流通に乗っているほぼすべての本を確実に、可能な限り迅速に仕入れることができる。

大取次の口座をひとつ持つことで、出版流通に乗っている本であれば、何でも仕入れることができる。大取次の機能はほとんど重複していて競合する関係にあるため、大取次については、ひとつの書店はどこか一社だけと口座を開く。後述する中小取次を複数併用する場合はあるが、大取次の口座を複数持つことは、原則的にはない。書店からすれば、一社からほぼすべての本を仕入れられるのだから、その点では楽でわかりやすい仕組みだ。取次は、出版流通に乗っているすべての本について、納品と返品に関する物流と決済を、まとめて代行してくれる。

この巨大なシステムがあるからこそ、日本の書店はある時代まで、急速に発展した。いわゆる普通の新刊書店として認識されている店のほとんどが、大取次との取引をベースにしている。そのため、出版業界ではたらく人であっても、新品の本は大取次と口座を開かないとまともに仕入れられない、と考えている人も多い。実際に、出版業界で流通している本の冊数や金額について語られるときは、大取次を経由する本に関して述べられていることがほとんどだ。

しかし書店の側からすれば、口座開設のハードルはけして低くない。他の仕入れ方については追って記していくが、ともあれ大取次はこの業界でそれだけ大きな存在であり、そこと口座を開き本を仕入れることは、最もスタンダードな方法であると考えてよい。本項は、あらためて日販とトーハンに取材を行った内容をもとに、大取次の口座を開設し、そこから本を仕入れて、いわゆる新刊書店を開店して運営する場合の、ごく一般的な流れをイメージしてもらうことを目的としている。

口座開設までの流れ

大取次の口座を開設したいとき、多くの人はまず正面から問い合わせることになる。取次のウェブサイトに問い合わせフォームがあるので、まずはそこから、自分がはじめたい書店の概要を記入し、連絡をするのがよい。もしくは、一五九頁に記した連絡先に電話してみよう。

日販の場合、その問い合わせは、「リノベーション推進部・市場開発課」という部署に届くそうだ。その内容を見たうえで、最も適していると思われる部門に引き継がれる。たとえば「福岡県で本屋をはじめたい」という問い合わせであれば九州支店へ、「運営しているネットショップで本を売りたい」ならネット営業部へ、という具合だ。そして各部署の担当者から、折り返しの連絡が来る形になっている。

そのときに、店の場所や規模、コンセプトなどについて、あらためて聞かれる。月の売上の予測、初期投資額とその回収の計画など、数字の見込みについても聞かれるので、前もって事業計画を準備しておけるのならば、それが望ましい。

もちろん、事業計画など書いたことがなければ、だいたいのイメージでよい。けれど、まったく漠然とした状態で取次に問い合わせをしても、話はあまり進まない。相手は商品の返品も受ける前提で卸（おろし）を行うのだから、一定の信用は必要だ。ビジネスになり得る相手であると思われなければ、口座開設を検討してはもらえない。やろうとしている店について、最低限の見通しを立てた上で連絡するほうが、話はスムーズだ。

契約できる条件は多層的

では、どのような提案ができれば、口座開設の審査が通り、取次と契約ができるのだろうか。

原則的には、まず一定の規模感があること。大取次は、基本的に毎日、それなりの量の納品と返品がある前提で、トラックが走るルートを組む。そのため、たとえば月の売上予測が三万円だとすると、その物流コストにまったく見合わない。どれだけ力のこもった提案をしたとしても、ビジネスとして成立しなければ、引き受けてもらえる可能性は低い。

では、具体的にどの程度の規模であればよいか。昔は月の売上で五〇〇万円と言われていた時代もあったが、最近では二〇〇万～三〇〇万円が目安と言われている。しかし、あくまで目安にすぎない。その物流コストも、実にケースバイケースだからだ。「目標は月商二〇〇万円です」と言ったからといって、すぐに「取引を始めましょう」とはならない。

たとえば首都圏にある店と、北海道の僻地にある店とでは当然、物流コストが違ってくる。原則的には、遠くの場所、物流のトラックが走っていない場所に届けるほど、コストがかかる。逆に、たまたま既にその店の付近を通るルートで走っているトラックがあり、毎日の荷物に少し余裕があれば、コストは低く済む。

また、納品だけでなく返品にも物流コストがかかるので、返品率が高くなりそうな業態や内容であれば、コストは高くなる。同じ立地や売上高だとしても、たとえば雑誌やコミックを中心的に扱う店であれば、取次から日々定期的に決まった量をまとめて仕入れることになり、また返品も廃棄となる割合が高いため、物流のコストは相対的に低くなる。一方、書籍が中心の店だと、返品された本は出版社の在庫として戻っていくので、構造的にコストが高くなる。

また、月商二〇〇万～三〇〇万円というのは、本だけを売ってやっていくための、最低限の売上でもある。仮に八掛で月商二〇〇万円とすると、粗利は四〇万円。そこから家賃、人件費、光熱費などを出さなければならない。家賃のかからない、もしくは激安の物件を借りて、自分一人でやる場合でやっと、このくらいがギリギリだろう。

月商二〇〇万円というのは、三〇日営業して、一日約七万円。一冊平均一〇〇〇円とすると、毎日七〇冊売らなければならない。これは実際、けして低いハードルではない。やってみると、相当に厳しい数字であることがわかる。

とはいえ、最近では取次側も、書店をはじめる人を支援していきたいという方針を掲げている。一〇年前であれば、売上予想だけで判断されてしまい、ビジネスとして見なされなかったようなケースであっても、最近では、将来性を見越して総合的に判断するように変わってきているという。

たとえば、最初の予測が月商五〇万円であっても、そこから規模が広がっていく可能性が見える場合は、積極的に検討されるという。異業種で何店舗も展開しているような会社や、本と他の業種を掛け合わせた面白いプランを持っている場合、本人に魅力があり話題性や発信力がありそうな場合は、交渉のテーブルにつくことができるようだ。

いずれにせよ、返品条件つきで商品を預ける以上、取次側はまず、きちんとコストを回収して利益を出せる見込みがある書店かどうか、その見込みに対してリスクが高くないかを確認する。そのうえで多層的に、総合的に判断されることになる。

保証というもうひとつのハードル

大取次と契約するうえでもうひとつよく知られているのは、「莫大な保証金がかかる」というハードルだ。正確には信任金と呼び、いわゆる物的な保証である。それに加えて人的な保証、すなわち保証人も必要だ。両方が用意できなければ原則的に、大取次に口座を開いてもらうことはできない。

これは基本的には、不動産と似た考え方に基づいているといえる。多くの人が、住む家を借りるときに、保証人を立てて、敷金を支払った経験があるだろう。

まずは人的保証で、これには連帯保証人が必要になる。実はむしろ、この人的な保証のほうがハードルが高いかもしれない。店が潰(つぶ)れて本人に支払能力がなくなってしまったときに、その肩代わりを求められるリスクのある立場を、快く引き受けてくれる人を探す必要がある。賃貸のアパートとは金額の桁(けた)が違うので、たとえ家族であっても、理解を得ることに苦労する人も多いだろうと想像できる。

もう一つは物的保証で、これには物件を担保に入れる場合と、信任金を支払う場合とがある。店舗物件をもともと持っているか、賃貸ではなく購入する予定である場合は、物件を担保に入れれば、信任金はかからない。

信任金の額は、いざというときに未払分のコストが回収できる金額設定となっている。店舗に在庫を持って営業する書店の場合は、その在庫自体が現金のように一定の資産価値があるので、現在は売上の一か月分というのが信任金の目安になっているそうだ。一方、外商を中心とする書店など、商品を先に取引先に渡してしまい、店舗にはほぼ在庫がないようなケースであれば、売上の二か月分となる。ここでいう売上とは、店ではなく取次にとっての売上なので、送品から返品を引いた金額を指す。その見込金額をもとに、具体的な信任金が算出される。

つまり、店舗に在庫を持って、月商二〇〇万円を想定する店であれば、信任金として二〇〇万円を預ける必要があるということだ。敷金のようなものであるから、閉店するときには返金されるが、営業を続ける限りは預けたままとなる。

もちろん、月商で二〇〇万円売るとしたら、それ以上の在庫が店内に必要だ。たとえば初期在庫を一〇〇〇万円分用意するとしたら、常備(じょうび)（後述）や延勘(のべかん)など特別な商品を除き、基本的に翌月に請求がくる。[*6] それ以外に、賃貸物件であれば物件の保証金もかかるし、内装や什器にも当然コストがかかる。たしかに信任金も大きな金額ではあるものの、それら諸々の初期費用の額に比べると、一般にイメージされているほど「莫大」ではないかもしれない。

初期在庫の選書と手配

無事、審査に通り、保証の面もクリアできたら、口座が開設されることとなる。続いては、その後どのような流れで本を選び、商品として手配することになるのかを説明する。

まず店をはじめるときの最初の在庫、いわゆる初期在庫を手配する。店の規模にもよるが、リストを作成して、初期在庫分については量も多くなるので、リストを作成して、取次の担当者に発注をお願いしたほうがいい。その作業期間も含め、発注から納品まで、最低でも一か月は見ておくべきだ。また月刊誌を置くとなると、月に一回やってくる発売日に商品を確保して溜めておかなければならないので、どちらにしても一か月以上は必要になる。

選書リストの作成は、小さな店であれば、完全にゼロから進めることもできるだろう。書店経験がある人で、細部まで自分で選びたいという人は特に、できればそうしたいと考えるはずだ。多くの出版社は刊行書籍の一覧表を作っているので、それを取り寄せるのも参考になるだろう。また、そのうちの作業の一部を取次に協力してもらう方法もある。たとえば特定のジャンルにおける売行上位ランクのリストを作ってもらい、そこから選んでいくような形だ。

ただ、店の規模がそれなりに大きいと、揃える本の量も多いので、単品で細かくは選べないケースも少なくない。そういう場合に備えて、たとえば日販には「マイスター」という仕組みがある。これはジャンルごとの売上構成比を出版社別に出したもので、パソコン上でそのシステムに店の棚の規模を入力し、全国の売上ランキングリストをもとに計算してもらえる。たとえば文庫棚が何センチ幅で何段あるというような情報を入力すると、講談社文庫が何%で何冊、新潮文庫が何%で何冊……という具合に、その規模に適した提案をしてくれる。他にも、完全に取次にお任せしてしまいたいのであれば、実勢に即した最適な品揃えも提案もしてくれる。もちろん、取次の選書リストを手動でカスタムしていくことも可能だ。

売れ筋に合わせただけで個性のない、似たような品揃えの書店は「金太郎飴書店」と揶揄される。今からそのような書店をやっても、よほどネット書店や大手チェーンに対抗する強力な勝ち目を見出していない限り、ほとんど意味がないと言ってよいだろう。完全に取次のシステム任せにしてしまうと、それこそ「金太郎飴」的な品揃えになってしまうかもしれない。

一方で取次をうまく使えば、知識に自信がない人が半端に自力でやるよりは、まんべんない品揃えができるともいえる。いわゆる街の書店としての全方位的な品揃えの中で、限られた時間と知識で独自の品揃えをしようと思うのなら、取次の仕組みを一部、利用するのも手だ。任せられるところは任せてしまい、こだわるべきところに時間を割くことで、結果的にバランスも良く、その店らしさのある品揃えにすることができる。

日々の入荷

照明や床や壁、看板など必要な内外装を済ませ、本棚や平台などの什器を並べる。そこに段ボール箱で大量に届いた初期在庫を並べれば、あとは運送業者に店の鍵を預け、並行してレジやビニール袋などの備品を揃えて、日々の入金と釣銭を用意するため近所の銀行に口座をつくれば、店はオープンできる。けれど、そこから本が売れていけば、そのぶん本を補充しなければならない。方法はたくさんあり、ここに挙げる以外にも独特の用語がたくさん使われるのだが、流れがわかるように基本的な部分を解説する。

大取次には、何もしなくても自動的に本が入荷する仕組みがある。これを「見計らい配本」「自動配本」などと呼ぶ。基本的には、出たばかりの新刊を、取次がその店で売ってほしい数を決めて送る。出版社が数を指定するときは「指定配本」と呼ぶ。これらは商品であると同時に、見本としての機能も持っている。たとえばある新刊が一冊送られてきて、これは自分の店では五冊は売れると思えば、追加で発注をすればいい。

原則的には、この仕組みを採用することが多い。けれど、たとえばぼくの経営する「本屋B&B」のように、独自のセレクトを重視するために、後述する事前指定をしたもの以外、この見計らい配本や指定配本を断っている書店もある。その場合はすべて、自分たちで一点ずつ選び、発注をしなければならない。

多様な発注方法

本を発注する方法も様々だ。

大取次には、日販であれば「NOCS7（ノックスセブン）」、トーハンであれば「TONETS V（トーネッツブイ）」といった、それぞれ独自の書店向けシステムがある。月額使用料を支払う形になるが、いくつかのプランに分かれていて、たくさんの機能がある。そこにログインすると取り扱われているすべての本が検索でき、発注ができる。在庫状況もわかるので、もし取次の倉庫に在庫があれば、そこで注文するのが一番早く届く。取次の倉庫になくても出版社側に在庫があれば、そこから注文すれば、出版社に情報が飛んで、取次経由で入荷する。また、専用のPOSレジを使えば、そのシステムと連動して在庫管理ができ、売れたものを自動で発注するように設定することもできる。一方、こうした書店向けシステムを使わない場合は、本に挟まっている「スリップ」と呼ばれる短冊状の紙に注文冊数を記入し、取次の担当者に渡すという昔ながらの方法もある。

出版社に直接注文することもできる。取次の倉庫に在庫がない場合は、そのほうが早く入荷することが多い。大手の出版社であれば、独自の書店向けの発注システムを持っているところもあるので、それを活用する。ない場合は、電話やFAXで注文する。発注したい本のタイトルと冊数、そして「番線」と呼ばれる個別に振られている書店のIDを伝えれば、取次に搬入される予定日を教えてもらえる。

発売される前の本を申し込むこともできる。これを「事前指定」という。前述の「番線」はスタンプになっていて、出版社から直接営業、あるいは郵送やFAXで送られてきた新刊情報の用紙に、希望する冊数

番線	注文数	書誌情報
①日販 A11 −22 ○○市 ○○書店 12-3456 ○○県 777	5	これからの本屋読本 著者：内沼晋太郎　発行：NHK出版 四六変型判　320ページ　C0095 本体：1,600円 ISBN：978-4-14-081741-4

図3　新刊情報の用紙に、希望する冊数を書き込み、番線を押す

を書き込み、そのスタンプを押してFAXあるいは手渡しする（図3）。なお、必ずしも希望する冊数が入荷するとは限らない。なるべく無駄な送品や返品を減らすために、これまでの実績などをもとに、出版社や取次が冊数を検討する。

とはいえ書店の側も、客からの注文を受けている場合には、入荷しないと困る。なのでその場合は「客注」という扱いで、他の注文とは区別して取り扱う。基本的には希望した数が入ってくるように調整される。そのぶん、客注扱いで出荷された商品は、返品ができない。

その他に特殊なものとして「常備」がある。常備は、指定の商品を店頭に陳列し、在庫する契約を結ぶため、その期間中は返品することができない。支払いは、その本が売れた段階で発生する。書店は仕入れの段階で代金を払う必要がないので、資金繰りの点でメリットがある。

ほかにも、より早く本を取り寄せるためのものや、雑誌の定期購読を管理するためのもの、売れ筋を逃さ

ないためのものなど、取次ごとにオプションとして、多様な発注システムが存在する。それぞれ、自分の店に合ったものを検討するのがよい。

発注した商品の現物は、出版社から取次に送られ、取次で書店別に仕分けられて、まとめて届く。請求も取次からまとめて届く。

返品はケースバイケース

発注は多様だが、自分の店なりのやり方を決めてしまえば、まだシンプルといえる。複雑なのは返品だ。

原則的には、自動的に入荷する新刊、出版前に事前指定をした新刊は、返品ができる。返品の期限が決められているものもあって、たとえば月刊誌なら発売から二か月以内だ。

一方、すでに出版されている本をこちらから注文したような場合は、原則的には「買切（かいきり）」といって、返品ができない。そのまま取次に返品しても送り返されてしまい、その送料もこちらが負担することになる。

けれど実際はケースバイケースだ。岩波書店や福音館書店のように、すべての商品が原則的に買切という出版社もある。その一方で、いつでもすべての商品の返品を受け付けるという出版社もある。業界では「フリー入帳」などと呼ばれ、そのまま取次に送れば返品として受け取ってもらえる。

その間には、様々なグラデーションがある。取次のシステム上では、「〇〇様了解済」と出版社の担当者の名前を書いた紙をつければ、返品として受け取ってもらえることになっている。出版社に電話などで相談して「了解」をもらえばよい。「あなたの店は適正な数を注文してきちんと売ってくれるし、お互いに毎回電話で確認するのも大変なので、勝手に『〇〇様了解済』と書いてください」といったような関係性が、出版社と書店の間でできることも多い。「うちは基本的にフリー入帳だけれど、注文品だと取次から逆送されてしまうケースがあるので、念のため『〇〇様了解済』と書いてください」としている出版社もある。一方、原則的に買切となっている出版社であっても「そのくらいの金額なら、返品するぶんと同額の商品を新たに注文してもらえれば了解します」というように、条件付きの交渉に応じてくれる余地があることもある。

なお、返品する商品は、複数の出版社のものをひとつの箱にまとめてよい。大抵の場合、店の決まった場所に積み上げておき、返品と新たに入荷した商品とを、入れ替えてもらうことになる。

出版社と取次と書店、それぞれの関係性の中で、他にもあらゆるバリエーションが存在し、一概には言えないのが返品だ。原則的な条件や、実際の梱包方法などについては、取次ごとにマニュアルがあるので、それを参照すればいい。けれど実態はこのように複雑だ。実際には、やりながらひとつずつ確認していき、出版社ごとのリストを個別につくっていくしかないのが現状だ。

とはいえ、あまり難しく考えてもはじまらない。少なくとも、それなりにまとまった量の本を取り扱い、返品をうまく活用して品揃えをしていこうと考える場合、このように配本がされ、入荷も返品もその差額の請求も、すべて一社との間でまとめて行える大取次のメリットは大きい。前向きに検討しているならば、まずは問い合わせてみるのがよいだろう。

(2)小さな取次の口座を持つ

中小取次の多様性と仲間卸

大取次の口座を持つためには、それなりの売上を見込むと同時に、保証のハードルを越えなければならない。とはいえ、大きな取次と契約ができなければ、出版流通に乗っている新品の本を扱えないかといえば、必ずしもそうではない。中小取次という選択肢がある。

大取次と中小取次の違いは、もちろん会社としての規模の違いでもある。だがそれ以前に、そもそも役割が違う。そのため、契約している出版社の数も違う。

大取次は、その一社で、あらゆる本を網羅的に揃える役割を果たす。そのため大手はもちろん、中小までかなりの数の出版社と網羅的に契約をしている。書店側は原則的に、大取次の一社とだけ契約することになる。

一方、中小取次はそうではない。それぞれ基本的に、特定の役割に特化している。そのため、一部の出版社とだけ契約をしている。書店側は大手取次の口座を持っていてもいなくても、中小取次であれば複数社を使い分けることができる。ここが大きな違いだ。

中小取次は、その役割によって三つに分類できる。

一つ目は、専門分野に特化した取次。たとえば教科書専門、医学書専門、音楽書専門といった形だ。たとえば楽器店に行くと、楽譜や楽器の入門書などが売っているが、そういったものだけを仕入れるのであれば大取次でなくとも、音楽書専門の取次と契約できれば十分であることになる。また、新聞・雑誌を専門としている取次や、海外出版物を輸入して卸す、いわゆる洋書取次もここに分類できる。

二つ目は、売れ筋の出版社に特化した取次。小さな本屋である場合、大取次の口座を持っていても、売れ筋の商品については配本がなかったり、注文しても欲しい数が入ってこないことが多い。そういうとき、A出版社の商品に強い中小取次であれば、大取次を経由するよりも確実に確保することができる。

三つ目は、小規模の出版社に特化した取次。書店だけでなく出版社の側も、一定の審査を通らないと大取次の口座を開くことができず、その条件も厳しい。そこで、それらの小規模の出版社の本を、出版流通に乗せる役割を果たす取次がある。特定の地方に特化したところや、一つ目のような専門分野に特化した役割を同時に持っているところも多い。

ここまでひと口に出版流通ということばを使ってきたが、それは巨大な網の目のようにつながっていて、取次から取次へと商品が流れていく。これを「仲間卸（なかまおろし）」と呼ぶ。たとえば、X取次が主な仕入先であるA書店が、B出版社の本を注文したとして、B出版社はX取次とは取引がなく、Y取次だけに卸しているという場合でも、B出版社→Y取次→X取次→A書店という風に、複数の取次を経由して届くような仕組みになっている（図4）。

仲間卸は、中小取次同士が、自社の専門外の領域をカバーしていく仕組みと言える。また中小取次間だけ

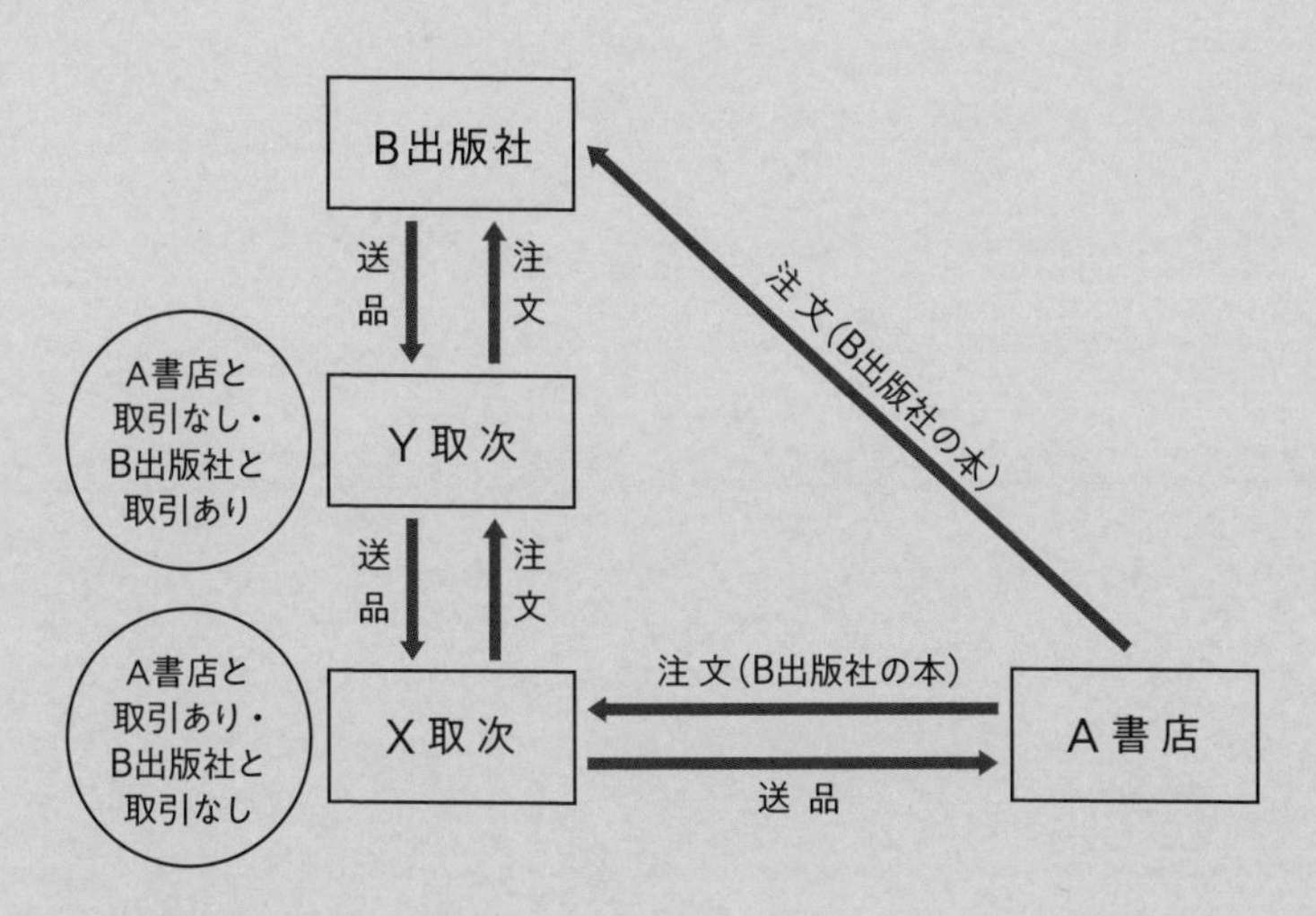

図4　仲間卸の仕組み

でなく、中小取次と大取次、あるいは大取次間でも行われる。仲間卸を行っているどこか一社の取次に対して本を卸している出版社の本であれば、その出版社の本はおおよそ出版流通に乗っているといえる。

そのため、もし大取次の口座を持てないとしても、取り扱いのある出版社ごとに中小取次を複数社使い分け、どこも扱っていない出版社の商品については、どこか一社から仲間卸で仕入れてもらうことで、ほぼすべての出版社の商品を仕入れることができる。口座開設の条件については、大取次と比べると断然ハードルが低いため、小さい規模で本を仕入れたい人でも、うまく使いこなせれば、多様な本を仕入れられる。なお、立地的には出版社同様、中小取次も東京に集中している傾向があり、中でも「神田村」と呼ばれる神田神保町付近のエリアに集中しているが、地方で店を開く場合であっても、もちろん相談に乗ってもらえる。

これらの中小取次は一社ごとに得意としている役割が違うため、できることやできないこと、条件などがそれぞれ異なる。小さな会社も多いため、大取次のようなシステムを期待すべきではなく、こちらのやりたい店に協力してもらうためには、より人的な関係性が大切になってくる。条件面でも、とくに仲間卸をすれば、間に入る会社が増えるぶん掛率も悪くなっていくし、返品も制限されることが多い。けれど小回りが利くぶん、よい関係が築ければ、頼れるパートナーになるはずだ。

あまりに多岐にわたるため、その条件を一般的に述べることは難しい。以下では直接取材を行った三つの中小取次を紹介する。

鍬谷書店

鍬谷書店は、医学書専門の取次としてスタートしているが、建築やデザインなど、その他の分野も幅広く取り扱いがある。約八〇〇社の出版社と取引があり、そのうちの約一〇〇社は鍬谷書店のみで扱いをしている。

仲間卸にも積極的で、鍬谷書店のみで扱っている出版社の商品を他の取次に卸すための口座も、鍬谷書店に扱いがない出版社の商品を他の取次から卸してもらうための口座も、日販やトーハンなどの大取次、およびすべての神田村の取次と開設しているという。

そのため書店側は、鍬谷書店の口座から、あらゆる出版社の商品を仕入れることができる。現状の取引先は、医学書の専門書店や大型書店の医学書売場が中心ではあるが、近年ではミュージアムショップなども増えているという。これからはじめる小さな店に対しても、積極的に口座を開いていきたいそうだ。口座を開くにあたっては、約定書を交わすことにはなるものの、信任金や保証人は不要だ。

仕入れ方法については、まず取次が小売店に向けて在庫を並べて卸売りしている「店売」と呼ばれる場所がある。神田村にはたくさんの店売があり、鍬谷書店では現金払いであれば最短でその日に口座開設をして、その場で仕入れることが可能だ。また、口座開設後は、事前に注文して店売に取りに行けば、その場で引き取ることができる。掛率は、大半の出版社のものは大取次と変わらない。出版社によっては八五％や九〇％以上になるものもあるが、だいたい平均して八掛程度になると伝えている。基本的には買切だが、業態や注文頻度、納品方法などによっては一部、委託条件を出すことも可能だという。店売に行かなくとも、都内で回れる範囲であれば配送も可能で、地方でも送料はかかるが宅急便で送ってもらうことができる。

また、発注については、鍬谷書店には「Kni/Ght（ナイト）」というウェブ発注システムがある。利用も無料だ。

また、出版社に直接注文することもできる。その場合は、鍬谷書店の番線を伝えて、鍬谷書店の店売に届く形になる。

弘正堂図書販売

弘正堂図書販売は、朝日新聞出版や毎日新聞出版などの新聞社系をはじめ、集英社、小学館、文藝春秋、中央公論新社、幻冬舎などに強い取次だ。

主な取引先は、メイン取次として日販やトーハンなど大取次の口座を持っている全国の書店である。上記の出版社の商品に特化したサブ的な取次として、使われることが多い。だが必ずしも大取次の口座を持っていない書店でも、現金仕入れであれば、基本的にはどんなところとでも口座は開くという。また顔の見える関係性が築ければ、現金でなく後日精算での取引も可能だ。支払いのサイクルによっては、二か月分の信任金を預かる場合もある。

仕入方法については、神田村の店売で仕入れる。現金を持ってくればその場で買うことができるし、取引のある出版社の商品であれば、店頭になくとも注文すれば二、三日で入荷する。掛率も大取次と変わらない一般的な掛率、いわゆる通常正味となる。送料は書店負担だが宅急便による配送も行っているので、地方の書店でも利用できる。

返品も受け付けている。ただし大取次との併用を行う書店が多いため、卸した数より返品されてきた数が多いと過剰返品として、書店に送り返すシステムを導入している。委託だからといってたくさん返品してきたり、売れ筋の商品だけをピンポイントで注文してきたりする書店ではなく、継続的に注文があり良い関係を築けるところと取引していきたいという。

子どもの文化普及協会

子どもの文化普及協会は、老舗（しにせ）の児童書専門書店であるクレヨンハウスが母体となって一九八四年に創立された。当初は絵本・児童書の専門卸であったが、現在はほぼ全ジャンルの本を扱い、幅広い出版社との取引がある。児童向けの雑貨や教材などのメーカーを合わせ、約三〇〇社の商品を仕入れている。

大きな特徴は、基本的に大取次の口座を持っている書店とは取引しないこと、すべて完全に買切であり一切返品ができないこと、ほぼすべての商品が七掛で仕入れられることだ。つまり、他の取次から八掛で仕入れることと比較すると、買切のリスクさえ負えば、粗利率が二割から三割に、一・五倍高くなることになる。信任金も不要で、口座開設は簡単な書類に記入するのみ。本体価格合計で三万円以上を注文すれば送料も無料だ。

取引先は、取次口座を持っていない絵本専門店を核として、雑貨屋やおもちゃ屋、子ども服屋、花屋、美術館、水族館や博物館など、多岐にわたる。本を売りたい人に対して広く門戸を開いていて、必要に応じて選書のアドバイスもしてくれる。いわゆる一般的な新刊書店以外の店で、新品の本を扱っている小売店には、最もよく使われている仕入先といえるだろう。

仕入方法については、専用のウェブ発注システムを使う。掲載されていない商品があっても、取引出版社のものであれば、ほぼ仕入れることができる。週二回の発注タイミングがあり、五日で届く。三〇年近い歴史のある老舗だが、これからの時代に対応するため、より早く届けて、異業種でも本を売れる仕組みで出版業を支えていきたいという。

小規模出版社に強い取次

ここまで三社の中小取次についてみてきた。他にも神田村をはじめ、たくさんの中小取次があり、それぞれに特徴がある。少し手間はかかるが、自分の店に合った形でうまく組み合わせることで、幅広い出版社の商品を仕入れることが可能だ。

また、ここまで挙げなかった中に、小さな出版社の商品を出版流通に乗せることを得意とする中小取次もある。ＪＲＣ（旧称：人文・社会科学書流通センター）、地方・小出版流通センター、ツバメ出版流通などがそうだ。

こうした取次の取り扱い出版社の多くは、その取次のみと取引している。いわゆる「専売」だ。現在、良質な本をつくる小さな出版社が増え、存在感を増していることは、本好きなら肌で感じているところだろう。大取次や、仲間卸に積極的な中小取次の口座を持っていればもちろん、経由して仕入れることができる。けれど、もしそうした小さな出版社の本を積極的に扱いたいなら、これらの取次と直接口座を開くことができれば、独自の品揃えもしやすくなるといえる。

大取次による中小取次的サービス

最近では大取次も、小額からでも取引できるサービスを提供しはじめている。例として、大阪屋栗田が運営している「Foyer（ホワイエ）」がある。

取引先には、雑貨店や美容室、カフェなど、いわゆる新刊書店以外の、小さなスペースでの販売が想定されている。口座開設も簡単で、信任金や保証人は不要。申込書に記入すると取引契約書が送られてくる。それに必要事項を記入し、印鑑証明と合わせて返送するだけだ。

仕入は専用のウェブサイトから発注する。常時二〇〇万冊の在庫を持つ大阪屋栗田の倉庫と連動しており、そこに在庫がある既刊のタイトルだけが注文できる仕組みだ。掛率は八三％。返品もできるが、一〇％の手数料がかかる。二万五〇〇〇円以上発注すれば送料も無料。取引限度額は上限三〇万円までと定められている。

大阪屋栗田だけでなく他の大取次、あるいは書店でも、近いサービスを準備しているところもあるようだ。こうした大手の取り組みが進めば、まずは少しだけ本を売ってみたいという層の新規参入がより進みやすくなるだろう。

さらに多様な出版取次

ここまでに述べてきたような大取次とも中小取次とも異なる、別のタイプの取次もある。

まずは、大取次から本を仕入れて、いわゆる二次卸、仲卸を行うことを専門とする取次だ。あくまで大取次からの二次卸を主旨としているため、一部の出版社とだけ契約をしている中小取次とは性質が異なる。書店のフランチャイズという形式を取っていたり、特定の地域に特化していたりするところも多い。大取次での口座開設を断られた場合に、大取次側から紹介を受けることもあるようだ。一度契約してしまえば、原則的には大取次と同じように一社で幅広い商品を取り扱うことができる。

また、特殊な卸先に大きなシェアを持つ取次もある。よく知られるところでは、図書館に大きなシェアを持つ図書館流通センター（TRC）などがある。また、教科書を専門に卸す日教販も加えてもよいかもしれない。どちらも中小取次というには、規模が大きい。

ここまで見てきたように、出版取次のあり方は実に多様で、その全貌を把握することはむずかしい。一五九頁に、各出版取次のリストを記す。ただし、出版業界全体が大きな変化の時期にあるため、ここに記した情報も状況に応じて変化することには留意いただきたい。

(3) 書店から仕入れる

書店も二次卸ができる

大取次の口座を開かず、中小取次の口座を持たなくとも、新品の本を仕入れる第三の方法がある。それは、書店から卸してもらうことだ。

たとえば店の一角で少しだけ本を売りたいなど、本をメインに商売をするわけではない場合や、継続的に扱うかどうかはわからないが、とりあえず試しに売ってみたいというような場合。あるいは、そもそも本で儲けを出そうと考えていない場合。そうしたことを正直に伝えると、大取次はもちろん、中小取次でも、なかなか口座開設のハードルは高いかもしれない。また逆にこちら側が、卸会社と取引口座を開くのはハードルが高い、と感じることもあるだろう。そうした場合に、書店にお願いしてみるという方法がある。

先にも述べたように、新品の本は再販制のもと、割引販売ができないことになっているが、法人相手のいわゆる「外商」と呼ばれる取引では、昔から値引販売が行われてきた。再販契約においても、例外規定の中に「大量一括購入」という文言が定められている。解釈は様々だが、ともあれ外商における値引きについては、出版業界全体では黙認されてきた。

そのため、外商と同じ扱いで、他の小売店に対して二次卸をする書店もある。大取次から八掛で仕入れている書店であれば、八五～九〇％くらいの掛率で別の小さな小売店に卸すと、少額だが利益も出る。

どのように書店に依頼するか

それでは、そういった形で卸をしてくれそうな書店を、どのように選べばよいだろうか。

頼まれた側の書店にとって、考え方はそれぞれだ。イレギュラーな業務になるうえ、粗利率も少ない。再販制に対して保守的な書店であれば、値引販売となることに対する懸念を示すこともあるだろう。また近隣の書店であれば、何らかのビジネス上の競合相手となる可能性を考える書店もあるかもしれない。けれど一方で、たとえば九掛（九〇％）で買切といった条件なら、書店の側にはリスクもなく、通常の利益の半分が入ることになる。喜ばれるか喜ばれないかは、それぞれの考え方によって、相談してみないとわからない。

そのため、書店を経営している知人がいたり、近所の書店と顔見知りであったりする場合には、そこから訪ねるのがよい。実際に「どことでもやるわけではないが、知人だから卸している」というのは書店でもよく聞く話だ。

また、そのような小さい規模で本を売りたい、と大取次に問い合わせた場合に、その取次から、積極的に外商をやっている取引書店を紹介してもらえるケースもあるようだ。取次として直接に口座を開きたい規模ではないとしても、少しでもその取次の取引書店の売上になるのであれば、取次側としても前向きな判断といえるだろう。

とはいえ先にも書いた通り、そもそも書店が八掛近くで仕入れているところから卸してもらうので、高い掛率にはなる。それほど関係性の強くない書店にお願いする場合、どのようなことをやりたいか説明した上で、九掛・買切で構わないと伝えれば、引き受けてもらえる確率は上がるかもしれない。また、注文はせずに、店頭にある在庫から選ぶということであれば、書店側も手間がかからない。

利益目的ではなく、まず手軽に本を販売できる状態をつくりたい場合には、お勧めできるやり方だ。

(4)出版社から直接仕入れる

直取引とは

新品の本を仕入れる第四の方法は、取次や書店などを介さず、出版社から直接仕入れる、すなわち直取引（ちょくとりひき）を行うことだ。

方法は簡単で、ただ出版社の代表電話に電話をかけて、直取引をしたい旨を伝えればよい。その出版社が全く応じていない場合は別だが、柔軟に対応してくれる出版社も増えてきているので、大抵の場合は担当者につないでもらえる。もちろん、条件はケースバイケースだ。少額の取引であれば、条件は出版社の側で決められていることも多く、たとえば八掛で買切、といったものである。出版社の側の事情としては、より低い掛率で出しても利益は出るのだが、そうすると取次経由で書店に入るときの掛率よりも安くなってしまうので、特に保守的な出版社は、他の一般書店に対する配慮と考えるようだ。けれど当然、交渉することもできる。

出版社ごとに個別に取引するのは手間がかかるが、扱いたい本を自分で選ぶことができ、その出版社の本だけで下代で数万円以上、一定の量がまとまるようであれば、直取引は一番合理的な方法だ。

また、中小取次と口座を開き、それと直取引とを組み合わせる方法もある。中小取次に直接の取り扱いがないところや、直取引のほうが条件がよいところなどは直取引にして、出版社ごとに使い分けることで、より多くの出版社の商品を適正な価格で仕入れることができる。

直取引出版社とリトルプレス

出版社の側が、直取引での流通を主としていることもある。当然、そういう出版社の本は仕入れやすい。よく知られるところでは、ディスカヴァー・トゥエンティワン、永岡書店、ミシマ社、トランスビューなどである。数多くの書店と取引をしているため、委託か買切か、何掛か、送料はどちら負担かなど、基本条件が定められている。ウェブサイトで公開されているか、問い合わせれば教えてもらえるはずだ。

また近年、出版流通に乗っていない、個人が発行するリトルプレス、あるいはＺＩＮＥや同人誌などと呼ばれる出版物も、充実した内容のものが増えている。質の高いものや人気のあるものであれば売上も見込めること、他の書店ではあまり扱っていないため品揃えに独自性を出せることなどから、取り扱う書店も増えてきている。こうした本にはＩＳＢＮさえ付いていないことも多く、原則的に作り手との直取引で仕入れることになる。

流通に乗っていないそれらの商品は、網羅的なリストなどは存在しないため、書店は自力で探すしかない。そうした本を積極的に扱っている他の書店に行き、気になる本を見つけたら、まずは買って帰る。そのどこかに、発行者の住所や連絡先が記載されているはずだ。あるいは、ウェブサイトやＳＮＳがあることが多いので、そこからコンタクトを取り、取り扱いたい旨を伝えればよい。

条件は様々で、作り手側できちんと定めている場合もあれば、売り手側から希望条件を提示する場合もある。あくまで個別の取引だ。目安としては、買切の場合は六～七掛、委託の場合は七～八掛。送料は発送時は作り手負担、返品時は売り手負担、という形が一番よくあるパターンだろう。一対一の関係性なので、作り手と売り手が近所である場合は、直接手渡しでの納品とすることもある。基本的には、一般的な流通ルールがあるわけではないので、委託の場合は精算のタイミングなども含め、最初にきちんと取り決めておくことが大切だ。

トランスビュー取引代行

直取引を主とする出版社のうちの一社、トランスビューには、取引代行という仕組みがある。当初は自社の本を卸すために、たくさんの書店と直接口座を開いていったが、のちに他の出版社と書店との直取引を代行するようになった。この仕組みを利用している出版社の本には「取引代行 TRANSVIEW」のマークが入っているか、シールが貼られている。

トランスビュー扱いの商品は委託で、掛率は六八〜七〇%、一冊からでも送料無料と、書店にとってはよい条件が提示されている。また、注文してから本が届くまでも、一〜四日とスピーディーだ。すべての情報がウェブサイトで開示されていて、問い合わせて簡単な覚書を交わすだけで、口座もすぐに開設できる。大取次との取引が主で、直取引口座を増やしたくない書店のために、各取次からも、中小取次の八木書店を経由して仕入れられる。ただしその場合は買切となり返品ができない。なるべく直取引を捉すような仕組みになっている。

とはいえトランスビューは、大手のように毎月たくさんの本を出版している出版社ではない。書店側からすると、少ない種類の本を少部数仕入れるために、個別に直取引をしていたら、手間が増えてしまう。そのため、トランスビューは複数の出版社の商品を同じ取引口座で扱うことで、書店向けに毎月の商品をより充実させようと考えた。それが、トランスビュー取引代行である。

参加している出版社は、本書執筆時点で五〇社を超えている。書店の利益を第一に考えた仕組みであり、それに賛同し参加する出版社が徐々に増えている。小さな規模でも、いい本を作っていきたいというスピリットを持つ出版社が多い。各出版社とトランスビューとの間では、倉庫や宣伝活動などを共有し、それをトランスビューが取りまとめて、各出版社が実費をトランスビューに支払う仕組みになっている。

トランスビューに関してより詳しく知りたい場合は、『まっ直ぐに本を売る　ラディカルな出版「直取引」の方法』（石橋毅史著、苦楽堂）という本がある。

組み合わせて小売らしい形を

このように、取次や書店を介さなくても直接、多様な本を仕入れることができる。手間もかかるが、作り手やその担当者とお互いに顔の見える関係になりやすいのも、醍醐味であるといえる。

他の業界から見れば、大取次という存在は、むしろ特殊だ。もちろん現状では、まとまった数の多様な本を売ろうと思えば、大取次と契約できるに越したことはない。一方で、複数の取次と口座を開き、直取引も積極的に行うような形、すなわちいくつかの卸業者やメーカーとそれぞれに付き合う形のほうが、本来の小売の姿に近いともいえる。

ただし、そもそも本という商品の粗利率は低い。それは先にも述べたように、一般的に流通している大多数の本が、大取次での流通を前提として、定価や掛率が決められているからだ。それが基準となって、読者にも「こういう本はこのくらいの値段」という価格感が浸透している。商品に対して、その価格感は安すぎると考える人もいる。出版業界の存続のためには、書店の粗利率を上げていくことが必要である、そのためには本の定価を相対的に上げていかなければならない、という議論に行きつくことも多い。

これから本屋をはじめるのであれば、できればひとつの取引先に依存したり、決まった条件に慣れてしまったりすることなく、積極的にいろんな取引をしていくほうがよい。そのほうが小売として、変化に強く、結果的に長く続けられる力がつくだろう。

(5)バーゲンブックを仕入れる

バーゲンブックとは

最後に、バーゲンブックやB本と呼ばれる、新品にもかかわらず、自由に値段が付けられる本について説明しよう。

先に述べた通り、日本の出版業界には再販制があるため、新品の本の多くは定価で売らなければならない。特に、取次を介して全国に流通している出版社の本については、出版社と書店との間の再販契約を取次が代行し、口座開設時に一括して契約を交わすため、出版社側が非再販商品であると明示している場合を除き、値引きすることができない。

とはいえ、仮に書店は返品ができるとしても、出版社のほうで予測していたよりも売れず、在庫が残ってしまうことがある。出版社としては倉庫の保管料がかかるのはもちろん、在庫は会計上、資産として計上されてしまうため、経営のことを考えると、過剰な在庫を持ち続けることはできない。そうした本は一般的に断裁処分されることになるが、とはいえ本としてまだ読まれる可能性があるものについては、値引きしてでも再流通させたい。そこで、出版社がその商品については再販契約から外し、価格を自由につけてよいとオフィシャルに宣言する。それを処分価格で卸業者が買い取ったものが、バーゲンブックだ。いわゆるアウトレットである。

バーゲンブックの卸業者である八木書店に取材した。

八木書店

八木書店は、出版に関する多様な事業を行っている。日本史や日本文学に関する本を中心とした出版社であると同時に、古書・稀覯本を中心とした古書店である。また中小取次でもあり、多くの小さな出版社の本を専売し、小さな書店との口座も開き、仲間卸も積極的に行っている。そして、バーゲンブックの卸業者でもある。八木書店にとっての一番の収益源が、このバーゲンブックであるという。

八木書店は、出版社が再販を外した商品をバーゲンブックとして定価の二～三割で卸している。小売店側は自由に価格を設定できるが、たとえば二倍の価格をつけ、定価の四～六割の値付けをすると、客にとっては定価の六～四割引の商品であることになる。二倍の値段をつけた小売店の側は、仕入値に対して五割の粗利があることになり、とても粗利率のよい商品であることになる。

　八木書店とバーゲンブックの口座を開くと、神保町にある店売で直接仕入れることができる。信任金や保証人などは不要だ。条件は買切で、それぞれに卸値が表示されている。他にも倉庫在庫があり、専用のウェブサイトから、常時一万五〇〇〇以上のタイトル、二〇〇万冊以上の在庫から検索し、自由に選択して発注することができる。もともと過剰在庫になってしまった本とはいえ、価格次第ではまだまだ売れる良質な本もたくさんあるので、どの本を仕入れ、どう売るかは小売店側の腕の見せ所といえるだろう。

　なお、第二出版販売というグループ会社からは、このバーゲンブックを委託で扱える。ただし商品は選べず、決められたセットでの販売になる。百貨店の催事場や、駅のイベントスペースなどで、ワゴンで販売されているのを見かけたことがある人も多いだろう。そうした一定の売り場をつくれば、展開することができる。

3. 古本を仕入れる四つの方法

⑴ 古書組合に入る

古書組合とは

新品の本と比べると、古本はまだ仕入れ方がイメージしやすいのではないだろうか。古本屋を開業するための手引書もいくつか出版されているので、より具体的に知りたい方はそれらを参照していただきたい。本書ではあくまで全体像をつかむための概説にとどめる。

古本を仕入れる第一の方法は、古書組合に入り、その古書交換会（市場）に参加することだ。ビジネスとして本格的に古本を扱う場合は、最初に検討すべき方法と言えるだろう。

古書組合は、基本的に、四七都道府県に分かれてそれぞれに存在する。北海道など一部の地域では、複数のエリアによって分かれている。[*7] 入るための手続きや必要な金額は各都道府県組合によって異なる。加入基準を満たし、メンバーの承認を得て、加入金や組合費などを支払う。たとえば東京都では、加入時に四九万円の費用がかかる。[*8]

組合に入る大きなメリットは、交換会に参加することができることだ。組合員として一定期間在籍すれば、自分の都道府県以外の組合の交換会にも出入りすることができる。また、組合で主催する即売会など、販売のための機会にも参加できる。

デメリットとしてはまず、決して安くはない加入金がかかることが挙げられる。加えて、組合である以上、交換会をはじめとする様々な取り組みがすべて自主的に運営されているので、組合に参加することは同時に、その運営に携わることになる。限られた時間を割いて活動に参加したり、人間関係を築いたりしなければならないことを、負担に感じる人もいるだろう。一方で、これから古本を扱う人にとっては、それらの活動から得られる知識や情報、先輩にあたる人たちとの交流から得るものも大きいはずだ。

交換会とは

交換会とは、古本屋同士が、古本を交換する市場のことだ。都道府県によって頻度は異なり、一番規模の大きな東京では、平日毎日開催されている。

古本屋には、それぞれの得意分野や個性がある。そのため、自店では扱いにくいものや、自店の客には需要がなく売れ残ってしまったものなどを、交換会に出す。そもそも専門外で価値が判断できないものや、逆に価値がはっきりしているが自店で売れるのを待たずに現金化したいものを出すこともある。

それらを、通常は束（たば）にして出品する。価値のある本は一冊単位でも出品される。多くは入札制となっていて、最高額を入札した人が落札できる。出品だけをすることも、入札だけをすることもできる。先にも述べたように、古本には買取と販売という二つの商売が同居しているので、安く買うことさえできれば、それを市に出品するだけでも利益になるし、高く売ることさえできれば、市から仕入れた商品を売るだけでも利益になる。

(2)他人から買い取る

買取と古物商

古本を仕入れる第二の方法は、人から買取をすることである。自分の蔵書や、勤め先などで不要になった本を、古本屋に売ったことのある読者も多いだろう。いわばその逆の立場として、個人や法人から古本を買い取るということだ。

買取をするには、古物営業法に基づき、それを扱う「古物商」（一号営業）の許可が必要になる。なお、古書組合に入る加入基準には、この古物商を持っていることが含まれている。

古物商の許可を取るには、買取を行う場所を管轄する警察署の防犯係が窓口となる。そこに行って申請を行う。必要書類がたくさんあるので、事前に問い合わせるか、直接窓口で尋ねるのがよい。本以外にも美術品から自動車まで様々な分類があり、必要に応じてまとめて申請することが可能だ。手数料として一万九〇〇〇円がかかる。

そもそも、なぜ古物商が警察庁の管轄になっているのかというと、盗品が流れる可能性があるからだ。窃盗を抑止し、早期に被害を発見するために、古物商は許可制になっている。近所で被害があった場合など、場合によっては捜査に協力することになる。

なお、交換会のような古物商同士の市を自ら主催するには「古物市場主」（**二号営業**）の許可が、自らネットオークションサイトを運営する場合は「古物競りあっせん業者」（**三号営業**）の許可が、それぞれ別途必要になる。

どのように買い取るか

買取の方法は、大きく三つあるといえるだろう。本を店頭に持ってきてもらう方法、郵送してもらう方法、そして本のある場所に出張する方法だ。すべてをやっている古本屋もあるし、いずれかに特化している古本屋もある。

たとえば店舗を構えている場合、店頭に持ってきてもらう方法であれば、店の品揃えとの相互関係が生まれる。店の品揃えを気に入ってくれた客からの買取であれば、いい商品が買える確率も相対的に高いといえる。一方、郵送してもらう方法であれば、店舗を持っていなくても、全国どこからでも可能だ。ただし、インターネットを中心に広告を出して大規模にやっている古本屋もたくさんあるので、それらと競合することになる。本のある場所に出張する方法は、何より客にとって便利だ。大量に買い取ることができる可能性も高い。

他にもそれぞれの方法に特徴や魅力があるだろうが、買取全般に共通するのは、値段の付け方が腕の見せ所になることだ。特に店頭や出張でその場で買取価格を提示しなければいけない場合は、自分の知識と感覚を信じて値付けをしなければならない。時間が取れるときは、今はインターネットで相場感がわかるので、検索しながら価格をつけていけばよい。あくまで目安だが、買取の場合は売価の一～三割の金額で買い取っておくのが安全だといわれる。つまり、自分が売るならば一〇〇〇円の値段をつける、と思った場合は、一〇〇～三〇〇円くらいで仕入れる。安いと感じるかもしれないが、新品の本と違い、古本は返品できるわけではなく、常に在庫リスクがある。マーケットも小さく、種類は膨大にあるため、その本を欲しがる人と出会える確率は、相対的に低い。売価の一～三割で仕入れておけば、もし売れ残ったとしても、市でそれ以上の値段がつく可能性が高いといえる。

もちろん、自分の店に並べれば絶対に売れるという確信があれば、売る値段の七割で買い取っても八割で買い取っても、利益は出るのだから、すべては自分次第だ。

蔵書を引き取るということ

買取をするということは、個人の蔵書を引き取るということだ。ある個人が、長い時間をかけてつくってきた関心の地図のような、頭の中身の延長のようなものに、値段をつけることでもある。

古本屋としては当然、できるだけ安い値段で買えれば利幅は大きいのだが、一方、そのような個人の蔵書にあまりに安い値段をつけると、がっかりされたり、人によっては怒り出したりしてしまうだろう。本来は、一冊ずつの本の価値に対して値段をつけているはずなのだが、まるでその人に値段をつけるような、つけられたような感覚になってしまい、買うほうも、売るほうも、気持ちが乱されることが多い。最終的には散り散りになってしまうことがほとんどだが、かたまりとしての蔵書には、それだけの魅力がある。

また、一番多い買取のタイミングは、蔵書の持ち主が亡くなった時である。亡くなった方の遺族が、故人の蔵書を手放すときに、その人が生涯をかけて積み重ねてきたものを引き取ることに対する責任が、古本屋にはある。

こればかりは、自分なりのスタンスを築いていくのに、しばらく経験を積んでいく必要があるはずだ。長く本を扱っていくのであれば、一対一の関係であるぶん、少なくとも自分なりの大義を持っているほうが、気持ちよく仕事ができるだろう。

(3) セドリをする

セドリとは

古本を仕入れる方法の三つ目は「セドリ」である。「競取り」とも「背取り」とも書くようだが、後者の字義通り「本の背を見て取る」ことだ。自分でそれ以上の値段をつけられそうな本を、古本屋で買うだけだ。

自店向きでなかったり、専門外であったりするものについては、値段を安くして外のワゴンで販売している古本屋が多い。また、ブックオフなど大量の古本を扱う新古書店にも、掘り出し物が隠れていることがある。そういうものから、価値を認めたものを買っていく。

古書組合に入ったり、買取をしたりするのはハードルが高い、もっと気軽に本を売りたいという場合、セドリはよい方法だ。ただし、転売目的でセドリを行い、継続的に古本の販売を行っていく場合は、たとえ買取を行わないとしても、古物営業法上、古物商を取る必要がある。

他の商品をメインにして少しだけ古本を売る、というような形であれば、セドリだけでも成立する。また、古本がメインの店をセドリだけで営んでいる人も存在する。組合には入らずに、買取も基本的には行わず、知人や常連からのみ買取をするなどのスタイルを取る。一人でやっていれば、週のうち数日に営業日を絞(しぼ)るか、もしくは午前は古書店を回ってセドリをして、午後から店を開けるというような形で営業する。何より、自分が選んだ本だけで本棚を構成できるメリットがある。

まずは自分の蔵書を売る

一箱古本市（二九〇頁を参照）やフリーマーケットな

ている冊数が供給過多であるために、値崩れしている商品である。

しかし、本は必ずしも目的をもって買われるものではない。そうした本の中にも、リアルの店で売れば魅力をアピールできる商品はたくさんある。ピンポイントで探している人は少ないとしても、偶然見つけると買いたくなるような魅力をその本自体が持っていたり、あるいは売り場の演出によって作り出せたりする。特に、雑貨屋やカフェなど本を探しに来る人が少ないような場所であれば、その店に合ったものであれば、インターネット上での相場とは関係なく売れていく。

あるいは、海外のサイトやオークションなどで売られている本で、日本のネット書店に出品すれば利益が出るような商品もある。そうしたものを見つけて転売することを専門にしている人もいる。

どに出店する場合など、初めて古本を売るときは、まずは自分の蔵書からスタートするのが、何より簡単な方法だろう。私物を売るにあたっては、古物商の許可は必要ない。[*9] なにより、自分の本棚から本を抜いて並べることから始めれば、客に商品の説明もしやすいので、接客においてもハードルが低い。

また、小さな古本屋をオープンするにあたって、まずそれまでに蔵書を蓄え、それを売るところから始める人も多い。まずはそこから始めて、後に古書組合に入ったり、買取を始めたりすればいい。

現代的なセドリ

Amazonや楽天などのネット書店でセドリをしている人もいる。そうしたところには、安いものでは「一円+送料」で売っている古本がある。自分ならそれ以上の値段を付けて売れると思えるものを買っていく。

もちろん、インターネットでの販売価格は、おおよそ相場が決まっている。一円で売っているような商品は、その本を買おうと検索する人に対して、市場に出

⑷古本卸を使う

古本卸

最後の四つ目は、古本卸を利用することだ。いわゆる昔ながらの出版業界、古書業界ではそれほど広く知られてはいないかもしれないが、そうしたビジネスに取り組んでいる会社がいくつか存在する。

「古本　卸」などと検索すれば、すぐにいくつかのウェブサイトが見つかる。多くは、新たに古本の売り場を作りたい小売店や、閲覧用の本を置きたい飲食店やマンガ喫茶などに向けて、セットで販売している。主に、古本の買取を大量に行っている会社が運営しているか、そうした会社の在庫を買い取って営業しているようだ。それなりに規模のある古本売り場を、あまり手間をかけずに作りたい場合には、活用できるといえるだろう。

また、現状ではセットで量り売りのようなものが多いが、いずれ古本を単品で選ぶことができ、相場に対して卸価格で提供するようなサービスが立ち上がる可能性もあるだろう。そうなれば、個性ある本屋を開くための助けになるはずだ。

以上、本を卸値で仕入れるための方法を、新品は五つ、古本は四つに分類して紹介してきた。この別冊によって、少しは仕入れのハードルが下がることを願う。あとは、自分に合った方法がどれなのか、どのように組み合わせられるのかを、後に続く章を読みながら考えて、決めたら各所に問い合わせるだけだ。ぜひ活用して、自分のイメージに近い本屋を作っていってほしい。

注釈一覧

＊1 ここでいう「委託」は、厳密には「返品条件付買切」のこと。他の業界で「委託」というとまず商品を預けて後で精算することをいうが、出版業界ではまず商品の代金を先に支払い、返品時に返品分の金額を払い戻す「返品条件付買切」のことを慣例的に「委託」と呼ぶ。取次と書店の間では、その月の納品金額から返品金額を差し引いた額が請求される。ただし、取次を通さない場合は、本来の意味での「委託」による取引を行うことも多い。

＊2 再販制は再販売価格維持制度の略。出版業界においては、出版社と書店が取次を介して契約するのが一般的。契約書のひな型は、一般社団法人日本書籍出版協会（書協）のサイトにて公開されている。
http://www.jbpa.or.jp/publication/contract.html

＊3 自由な価格競争を阻害するため大多数の商品においては違法とされるが、著作物においては、もし自由な価格競争が行われてしまうと、大量に印刷され安くつくられる本ほど市場に流通しやすくなり、文化的な多様性が失われてしまうと考えられている。

＊4 一般社団法人日本出版インフラセンターが公開。
http://www.jpo.or.jp/topics/data/20100618-guideline.pdf

＊5 総合取次とも呼ばれる。日本出版販売、トーハン、大阪屋、栗田出版販売、太洋社、中央社の六社のことを指す時代が長く続いていたが、

二〇一五年に栗田出版販売が、二〇一六年には太洋社がそれぞれ経営破綻している。

*6 通常は一か月後だが、「延勘」といって請求が数か月後になるものがある。よくあるのは「三か月延勘」という条件で、出版社からその条件で出荷してもらえれば、支払いは三か月後になる。

こうした条件は一様に決まっているわけではなく、出版社によっても、その出版社との関係性によっても様々であり、多くの書店員が、現場で先輩や出版社の営業担当から学んでいく。

*7 全古書連の古本屋 全国古書籍商組合連合会

http://www.kosho.ne.jp/~job/jlist.htm

*8 東京古書組合に加入するには 東京の古本屋

http://www.kosho.ne.jp/kanyuu.html

*9 古物営業法FAQ「自分で使っていた物をオークションで売りたいと思いますが許可は必要ですか？」警視庁

http://www.keishicho.metro.tokyo.jp/tetsuzuki/kobutsu/kaisetsu/faq.html#cmsq2

松沢書店
楽譜・音楽書
03-5970-5911
http://www.musenet.co.jp/

ツバメ出版流通
主に文学、思想、芸術書
03-6715-6121
http://tsubamebook.com/

JRC
主に人文・社会科学書
03-5283-2230
http://www.jrc-book.com/

日本雑誌販売
雑誌・コミック・一般書
03-3558-1001
http://www.nihon-zassi.co.jp/

コア・アソシエイツ
北海道独自の雑誌・書籍
011-702-3993
http://www.core-nt.co.jp/index

沖縄教販
沖縄県の雑誌・書籍
098-868-4170
http://www.o-kyohan.co.jp/products/list.php?category_id=25

洋書の取次

洋書の卸について、更に詳しく知りたければ、
日本洋書協会に問い合わせるのがよい。
office@jaip.jp
http://www.jaip.jp/jp/member/field.html

日本出版貿易
英語・日本語教材や外国の書籍・雑貨
03-3292-3751
info@jptco.co.jp

MHM
海外の大学出版局の本、
写真集、美術、建築書
03-3518-9181
http://www.mhmlimited.co.jp/

絵本の家
海外絵本・キャラクターグッズ
03-3985-3350
http://www.ehon-house.co.jp/

POST
洋書の写真集・アートブック
www.post-books.info
post@post-books.jp

＊この一覧は、2018年5月現在のものです。独自の調査に基づいており、必ずしも全ての出版取次を網羅するものではありません。

出版取次一覧

大取次

日販
リノベーション推進部
市場開発課 03-6316-2115
https://www.nippan.co.jp/inquiry/

トーハン
市場開発部 03-3266-9286
https://www.tohan.jp/contact/input

大阪屋栗田／ Foyer（ホワイエ）
営業推進部 06-7638-9188
https://oakpress.oak-pd.co.jp/contact.html
http://foyerbook.wixsite.com/foyer/contact

中央社
戦略開発室 03-3558-1102
https://www.chuosha.co.jp/

中小・専門の取次

弘正堂図書販売
文芸一般、文庫、コミックなど
03-3291-2351
http://www.kouseido.server-shared.com/

文苑堂
コミック、ゲーム攻略本、写真集など
03-3291-2143

大学図書
主に法律書
03-3295-6861

鍬谷書店
主に医学書、一般書もあり
神田営業所
03-3294-3715
http://www.kuwatani.co.jp/

西村書店
主に自然科学書、一般書もあり
03-5879-7684
http://www.nishimurasyoten.co.jp/index.html

日教販
主に学習参考書・辞典
048-441-9311
http://www.nikkyohan.co.jp/

博文社
主に学習参考書
03-3293-4981

八木書店
主に文学・歴史・人文書
新刊取次部　03-3291-2967
https://company.books-yagi.co.jp/distribute_books

第4章

小売業としての本屋

本をそろえて売買する

すべての「本を専門としている」人が、広義の「本屋」だと書いた。その中でも「本をそろえて売買する」ことを通じて生計を立てること、すなわち、小売店としての新刊書店や古書店を経営することは、簡単ではない。

もちろん出版社も、取次も厳しい。出版社の中には、自社の本を出版して流通させることだけではなく、持っているコンテンツや編集力を生かして、別のビジネスを展開しているところも多い。各取次は、本屋以外で本を売ることや、本以外のものを本屋で売ること、全く別のものを本の流通に乗せて運ぶことなどに取り組みはじめている。出版業界での役割を転用して生き残る道をみな試行錯誤しながら、それでも本を出版し続け、流通し続けられるようにと努力している。

新刊書店や古書店もまた、本以外のものも扱うことで、小売店として生き延びようとしているところは多い。しかしどんな本屋になるとしても、まず中心にあるのは「本をそろえて売買する」ことだ。出版社も取次も、読者との接点としての書店が本来の「本をそろえて売買する」力を失ってしまうと、本にかかわり続けることは、より難しくなっていく。

本章では、「本をそろえて売買する」本屋の、小売業としての基本的な部分について書く。変化の時期にある項目についても、未来に向けて考えるべきポイントについても触れる。なるべく、小売の経験がまったくない人でもわかるように書いたつもりだ。考えるべきすべての項目を網羅できたわけではなく、また本来であればそれ単体で一冊の本になり得るような項目もあり、ここに記すことはあくまで入口にすぎない。より深く知りたい場合は、本屋以外の業種も含めればたくさんの本が出版されているので、ぜひそういったものにも触れてほしい。

資格と経験

本屋をはじめるのには、何かの資格や免許はいらないのですか、とよく聞かれる。

少なくとも日本においては、税金を支払うために、個人事業主として登録するか、法人をつくって登記する必要はある。古本の売買を行う場合は、古物商の許可を取る必要もある。けれども、あとは仕入先さえ確保し、本を揃えられれば、特別な資格はいらない。

資格はいらないが、経験はあればあるに越したことはない。

特に、まとまった量の新品の本を、取次から仕入れて扱うような店は、特殊な部分の多い仕事でもある。一日の業務はどのような順番で流れていくのか、日々の入荷をどのように陳列して販売するのか、どのようなものをどのようなタイミングで返品するのか、どのような方法で発注するのか。そもそもこれは返品できるのか、これは発注できるのか。業務が滞ってきたときに何を優先すべきか、他のスタッフにはどのように接すべきか。などなど、日々の細々としたことは、やはり経験があればあるほどよい。本書冒頭で述べたような、書店後継者二世を育てるための研修があるのも頷ける。

また、古本の買取を行い、古書組合に入り交換会に参加するような店も、経験があるほうがよさそうだ。何より難しいのは、値段の付け方と、それの伝え方だろう。個人の蔵書に値段をつけることは、まるでその人の頭の中身の価値を決めるようにも捉えられてしまう。経験を重ねることで、自分なりのやり方がつかめるはずだ。自分の店では、どのようなものに価値を認めるのか。どのような商品を棚に並べ、どのような商品をワゴンに出し、あるいは交換会に出すのか。未経験ではじめる人も多いようだが、やっていくうちに失敗を重ねながら学んでいくのだろう。

もし経験がなければ、まずはアルバイトからでもよいので一度、勤めてみるのもよい。福岡の新刊書店「ブックスキューブリック」の大井実社長もそうしている。

37歳の時、ほぼ20年ぶりに、ほとんど身ひとつの状態で、生まれた場所である福岡に戻ってきた。本屋を開くことだけは決めていたが、もちろん、いきなり始められるわけもない。実地修業として、まずは書店でアルバイトすることを考えた。

（……）書店業界の特殊な仕組みや日々の業務などを現場で学ぶことができたのは本当に貴重でありがたかった。

大井実『ローカルブックストアである　福岡ブックスキューブリック』（晶文社、二〇一七）二六〜二七頁

大井氏は「社員が全員私より年下」という環境で、「書店でのアルバイトを朝8時から午後3時まで続け、それが終わった後は、物件を探すために自転車に乗って福岡中をひたすら走り回るという生活」を一年ほど続け、運命的に出会った物件でブックスキューブリックを開業した。

もちろん本書には、ぼくが経験を通じて得たものを、出来る限り詰め込んでいるつもりではある。けれど「習うより慣れろ」ということばの通り、実際の経験を通じて学べることはとても大きい。本を読んでいきなり開店するよりも、まずこのような経験を積むことが結果的に、近道であることも多いはずだ。

売上と経費

小売業においては、毎日少しずつ売上が立つのが一般的だ。現金をやり取りしたあとで、その売上の計算をしやすくするために、レジスターがある。

売上も大事だが、最終的に残るのは利益だ。会計上は様々な種類があるが、ふだん意識すべき利益には大きく分けて、粗利（あらり）と純利（じゅんり）がある。

売上から原価を引いたものが粗利だ。八掛（はちがけ）で仕入れたものが売れれば、二割が粗利になる。そこからさらに、その他諸々の経費を引いたものが純利だ。粗利から人件費や家賃、光熱費、その他備品などの経費を引いて、残った額が純利となる。売上は毎日数える。粗利も、概算でもよいので毎日把握しておくほうがよく、本だけであれば平均値で計算すればよいので簡単だ。経費は毎月払うものが多いので、純利は月次で計算する。

できるだけ安く仕入れて、高く売る。さらに、なるべく余分な経費をかけない。これが商売の基本だ。

そういう意味では、古本を扱うほうが小売業らしいといえる。仕入れる値段も売る値段も、自由に決めることができるからだ。だから古本には、安く買い取る商売と、高く売る商売の、二種類の商売があるといえる。もし販売が苦手でも、仕入さえ得意なら利益が出せる。インターネットで売ってもいいし、市に出してもいい。直接自分で販売は行わず、買取やセドリ（一五三頁を参照）など、仕入を専門とする本屋になるという選択肢もある。一方、仕入が苦手でも、販売さえ得意ならそれはそれで利益を出せる。だから、直接自分で買取は行わず、販売を専門とする人もいる。もちろん多くの人がイメージする古本屋は両方やっているので、二種類の商売の組み合わせで成り立っている。自ずと、得意不得意があって、それは外からは見えないことも多い。そのため、古本屋の粗利率は店によってまちまちだ。

一方、新品の本はそうはいかない。もちろん交渉の余地がないわけではないが、特に日本においては、基本的に仕入値がそれほど大幅に変わることはない。売価も全国どこでも一律だ。掛率の平均は自然と七〇～八〇％台となり、粗利率は二〇～三〇％台に決まってくる。

経費は、固定費と変動費に分けて考えたほうがよい。毎月ほぼ同じ額がかかるのが固定費、売上に比例して変動するのが変動費だ。固定費を払えるかどうかが、店を継続するために重要なポイントになる。

本屋は固定費の割合が多く、一番大きいのが人件費と家賃だ。そのため、他人を雇（やと）わずに自分あるいは家族だけで補える場合、かつ物件も所有しているような場合は、リスクはぐっと低くなる。その他は固定費として光熱費と、変動費としてレジ袋やブックカバーなどの備品をみておけばよい。

なお、内装や設備にかかった費用は、減価償却といって、数年に分けて毎月経費としてカウントしていく。これも固定費として重たくのしかかってくるが、借金などをしていなくて、とくに期限のない物件ではじめるのであれば、いつか回収できればよいと考えて後回しにしてもよい。

ともあれ、漠然と売上だけを眺めていてはいけない。わずかな粗利の中でこれらの経費を賄い、ほんの少しでも純利を残せるだけの充分な売上を上げられているかどうかを、常に意識していくことが、小売店としての本屋を続けていくための鍵となる。

客数と客単価

もっと売上を上げたい。そのときに大切な基本原則は、〈客数×客単価＝売上〉という計算式だ。売上を上げるには、来てくれるお客さんの数を増やすか、ひとりのお客さんが買う金額を増やすかの、二択しかない。

たとえば飲食店であれば、客単価も業態のアイデアのひとつとして、自由に考えることができる。ものすごく高単価で一日数席しか予約を取らない高級フレンチもあれば、ものすごく低単価で時間帯を区切り何回転もさせる低価格フレンチもある。どのようなお店にしたいかを考えるときに客単価から決めて、そこから必要な客数を逆算していくことで、いろいろ大胆なアイデアを生み出すことも可能だ。

しかし本を主に売っていくとき、こちらが客単価を決めるのは難しい。少なくとも新品の本は、商品一点あたりの単価はほぼ決まってしまう。日本の文庫本であれば数百円〜千数百円、単行本であれば千数百円〜数千円と、価格帯も狭い範囲に限定されている。そもそも複製品なので、同じ本はどこで買っても同じで、商品の質も変えられない。飲食店のように、意図的に客単価を上げたり下げたり、それに伴って客数を絞ったり増やしたりといった仕掛けをアピールして、売上を上げていくのは難しい。

そのため、本屋の客単価を上げるのは、どちらかといえば地道な、店の内側をつくりこむアプローチになる。独自の品揃えや陳列にこだわり、少しでも高い一冊を、あるいは一冊目に加えて二冊目三冊目を、いかに買いたい気分にさせるか。たとえば、かつて「丸善丸の内本店」の四階に三年間、松岡正剛（まつおかせいごう）氏プロデュースの「松丸本舗」というショップインショップがあった。

あたらしい書棚のデザインは、本の景色を一変させた。背表紙を一直線に並べるのではなく、前後左右に本を立体配置できるようになったのだ。（……）

この陳列方法に関して、当初は丸善側から「本を横に置くと棚が雑然とした感じになるし、奥の本は売れなくなるのではないか」という反対意見も出ていた。しかし、松岡は押し切った。

結果、棚から本をさがしだすように複数冊をまとめて購入する来店者がふえ、客単価平均三千五百円という実績にもつながった。

松岡正剛『松丸本舗主義』（青幻舎、二〇一二）二〇七～二〇九頁

新刊書店の客単価の全国平均は一三〇〇円程度で、その三倍近い三五〇〇円というのは驚異的な、例外的な数字である。もちろん書棚のデザインを真似(まね)ることはできるかもしれないが、松岡氏の膨大な知識に基づくセレクトや、店自体の話題性などいくつかの要因があるはずだ。あくまで結果であって、狙ってできるような数字ではない。

本屋の場合、どちらかといえば、売上を大きく左右するのは客数である。出版業界全体の売上はこの二〇年で約半分になっているが、前述の新刊書店の客単価の平均はほとんど変わっていない。[*1] 先にも述べたように、ある時代までは日常生活に必要な場所だったが、いまは一生本屋に行かなくても暮らしていけるようになったからだ。

客数を上げるアプローチは、大きく二つに分けられる。はじめて来てくれる新規の人を増やすか、再度来てくれるリピーターの人を増やすかだ。

はじめての人へのアプローチは、自然と店の外に向かうことになる。本屋は、うるさい接客もされず、何も買わなくても情報が得られるので、はじめての人でも気軽に入ってくる。いつも目の前を通り過ぎている人、たまたま通りがかった人に対しては、店の外観から、何か面白いものがここにあると思わせるような工夫をする。一方、遠くから人に来てもらうためには、いつか行ってみたいと思わせるような努力をする。もちろんマスメディアに取材されるに越したことはないが、最近ではＳＮＳをはじめとするインターネット上で、自らどのくらい発信できるかがより重要だといえる。本屋は毎日変化があるので、発信の元ネタとなる要素は山ほどある。興味をもってくれそうな人を想像しながら、ひたすらボールを投げ続ければよい。

一方、一度来た客に再度来てもらうアプローチは、主に店の内側に向かう。客単価を上げる方法と似て、地味ではあるがやるべきことを、ひとつずつ丁寧にやっていくしかない。また覗（のぞ）いてみたくなるような品揃えや、気持ちのよい接客を心がける。もちろん、ポイントカードや会員制度などを用意するのもありかもしれない。本を値引きすることはできないが、本以外の商品を値引きしたり、メールでの情報発信やコミュニティづくりなど、何らかのサービスの提供をすることはできる。

内装と陳列

本屋の空間はシンプルだ。大した内装をしなくても、特別な設備を用意しなくても、最低限の明るさや清潔さ、快適な温度を保つことができれば、あとは本棚と平台を並べ、そこに本を陳列して、レジさえ置けば開店することができる。そのため、開店時にはとくにインテリアデザイナーなどを入れず、最低限の工事だけを施工業者や大工さんにお願いするということも多い。

だからこそ、ともいえるだろうが、ホテルや飲食、アパレルなどと比較すると、多くの本屋は質素で、古臭い印象を与える。他の業種の空間に見られるような、こだわった内装、完璧な清掃、絶妙な明るさ、快適な温度と湿度、心地よい音楽、ほのかな香り、興味を引く装飾、そして訪れる客の雰囲気……挙げだすとキリがないが、そうした演出の行き届いた空間の価値については、本屋においては相対的に、それほど重視されてこなかった。POPやポスターなどを積極的に使うのか使わないのか、立ち読みを禁止するのか奨励（しょうれい）するのか、といったことは、よく議論されてきた。このことも、かつては日常生活に必要な場所だったことと関連しているだろう。演出を重視する意味がそれほどなかったのだ。

けれど、もはやそうではなくなった以上、空間をどう演出するかは、小売店として考えるべき大きな要素のひとつだ。逆にいえば、新しくはじめる本屋にとって、この部分にはまだまだ力を入れる余地がたくさん残されている。大型書店においてはここ数年、台湾の「誠品書店」や、日本の「蔦屋書店」を真似たような空間づくりが流行している。けれどいま、これから新しくはじめようという人が、その後を追わなくてもよいだろう。大小問わず、空間演出の可能性は、もっと自由に考えて、それぞれの個性を追求するべきだ。

とはいえ本の場合、商品の特性として、陳列だけで見た目のインパクトを出すのは難しい。まず、ほとんどがむき出しの状態であるから、傷まないための配慮が必要だ。そもそも、ほぼすべての本が長方形であるため、何十年も前からせいぜい、積み木のようにタワー状に積むくらいしかできず、代わり映えがしない。表紙と背表紙しかない要素を、什器を含めて、どのように魅力的に見せるかは課題のひとつだ。

接客

接客とは文字通り、客に接することだ。表情や声のトーン、ことば遣いなどを意識し、使い分けながら、客の考えていることを読み取り、気持ちのよいコミュニケーションを心がけるのが基本だ。

そもそも小売には、店員のほうから積極的に話しかけて接客する業態と、そうではない業態がある。たとえば百貨店に行き、洋服や化粧品を買おうとすると、店員のほうから話しかけられる。これらの商品には説明が必要であり、話しかけたほうが売れる、と考えられてきたからだ。けれども一方で、話しかけられないほうがいい、自分で選びたいという人もいる。洋服でいえばユニクロなどのファストファッション、化粧品でいえばマツモトキヨシなどのドラッグストアは、そうした人が増えることに合わせて伸びていった。

本屋はどうか。先に引いた江戸時代の例では「店員が呉服屋のように品物を出してきて見せる」のが一般的だった。しかし明治中期以降は、本棚と平台に陳列し、客が自ら選ぶ方法に変わっている。そもそも利益率が低いので、一人ずつに丁寧な接客をして、説明しながら販売していては商売にならない。もし、売るものが車であれば、一台を売るのに三時間でも三日でもかけることができるが、本屋で一冊を売ることだけに三時間かけていては人件費で大赤字になってしまう。また、読書という行為が基本的に一人で行われるように、本という商品自体も、非常にプライベートなものでもある。だから元来、できるだけコミュニケーションをとらずに、自分一人で選んで買いたいと感じる人が多い。

とはいえ、小さな地域コミュニティで店をやっていく場合、接客販売とまではいかなくとも、コミュニケーションは必要とされる。広島県庄原市東城町（しょうばらしとうじょうちょう）という人口八〇〇〇人の町にありながら、全国的にその名を知られる本屋である「ウィー東城店」の佐藤友則（さとうとものり）氏は、地元の客の顔はほぼ覚えており、名前や家族構成などもかなり頭に入っているという。客のニーズにこたえる形で、本だけでなく文具やタバコや化粧品も扱い、美容室やコインランドリーを併設し、年賀状の印刷まで行う同店は、町のコミュニティの中心的な拠点となっている。この「ウィー東城店」ほどには徹底できないとしても、少なくとも常連客に対して「この人はミステリファンだったな」「あの作家の新作が出たら、必ず買っていく人だな」といったことを覚えるくらいのことは、多くの本屋に求められる基本的なことといえるだろう。

インターネットで何でも買えるようになって以降、リアル店舗の存在意義のひとつは、そこに生身の人がいることだ。接客は当然、そのうちの重要な要素であるといえる。一方、テクノロジーの進化はリアル店舗にも訪れており、これまで人が担ってきた部分も自動化が進みつつある。二〇一八年現在、専用アプリと店内のセンサーを駆使しレジ無しで決済される、アメリカの「Amazon Go」や、モバイル決済ＩＤで鍵を開けてセルフレジで会計する、中国の「Bingo Box」などが話題だ。これからの小売がどうなっていくかは未知数だが、一方で無人化し、一方で高度に人間的な接客へと、二極化していくのかもしれない。その中で本屋はどうあるべきか。考えるのが面白い時代になってきている。

立地と商圏

本屋は立地商売だとよく言われてきた。とくに一般的な新刊書店においては、どこでも同じものを同じ値段で買えるなら、できるだけ行きやすい、好立地な店のほうが便利に決まっている。また一般的な古本屋も、販売においてはともかく買取においては、古本屋同士は競合する。買取を主とするなら、本を読む人が一定数住んでいるエリアで、不要になった本は、なるべく一手に引き受けたい。

その店を使う人たちがいるエリアを「商圏」という。大取次に口座開設の相談に行き、前向きに話が進む場合は、商圏分析をされる。地図上にある出店予定地を中心に、円が描かれる。その商圏内にどれだけの人口がいて、既に何軒の本屋がどのくらいの売場面積を持っているかといったデータから、その立地に新たに出店して書店が成り立つか否かの分析が行われる。人口に対して売場面積が足りていれば、分析上は「いまこの商圏に本屋は必要ない」という結論になる。

もちろんアクセスのよさも問われる。都心部であればできるだけ駅近が、郊外であれば主要な道路に面しているのがよい。もちろん一階がよい。「ヴィレッジ・ヴァンガード」の創業者である菊地敬一(きくちけいいち)氏はかつて、一三段の階段をのぼる物件に店をオープンしようとしたとき、取次の担当者に「階段を一段登るごとに売上が一万円落ちるんですよ」と忠告されたという。[*2]

しかしこうした分析はあくまで、どこの本屋もだいたい同じであるという前提に立っている。店ごとの魅力や個性は数値化しにくい。しかしまさにその魅力や個性こそが重要だ。

そのように考えると、立地はそれほど関係がないとも言える。どこでも買えるものであっても、そこに行かないと体験できない空間があり、そこに行かないと会えない人がいるならば、人はわざわざ出かけていく。

けれど一方で、だからこそ立地が重要だともいえる。単に商圏に客がいるからという理由以外でその立地を選ぶなら、なぜそこなのか。立地もまた、大げさに言えば、その店の思想をあらわす。単に、その街が、その場所が好きだという理由であってもよいかもしれない。ある街である店が存続していくとき、街の個性と店の個性とは重なり合い、互いに影響を与えていくようになる。街が店を、店が街をつくっていく。

個性のある店同士であれば、商圏が重なっても、あまり競合することはない。大型書店チェーン同士は近隣にあれば競合しやすいが、小さな本屋同士は量的な品揃えで勝負できないぶん、むしろ同じ街に集まったほうがよい。それは「本屋めぐり」ということばに表れている。近くにある複数の店を回るルートができることで、店同士の横のつながりができ、その街を目がけて来る人に来店してもらえるメリットのほうが大きい。

また、立地とはいまの時代、必ずしも店舗のあるリアルの場所の話だけではない。どこに自店の客がいるかを広い視野で考えるのであれば、どのSNSを積極的に使うか、通販をやるならどのプラットフォームを使うかということも、広義の立地戦略といえるだろう。台湾・台北の「Mangasick（マンガシック）」は、Facebookは自国向けに中国語繁体字で、Instagramは英語で、Twitterは日本語で、と戦略的に使い分けることで、小さな店ながら世界に向けて発信している。

ターゲット

主な対象となる購入者層のことを、ターゲットという。ところが本は多品種で、老若男女さまざまな人が読む。そのため、特に全方位的な品揃えをしている書店は、ターゲットは商圏に存在するすべての人であることが多い。もちろん、一冊一冊それぞれの本は、ターゲットが狭いものも多い。そうした本は書店の中でもまとめられ、店内の棚やエリアごとに、ターゲットが絞られる。児童書の棚であれば子どもとその親。男性誌はもちろん男性で、女性実用書は女性だ。また、立地によっては、店全体としてもターゲットをより明確に定められる店もある。完全なオフィス街であれば、平日のビジネスマンが主なターゲットだろう。

しかし本屋が必ずしも生活に必要な場所でなくなり、本屋が「本好き」「本屋好き」のための場所になっているいま、店づくりを明確にするために、あえてターゲットを絞っていくアプローチも検討するべきだ。

たとえば、専門書店と呼ばれる店は昔からある。こうした店のターゲットは明確で、東京・神保町の建築書専門店「南洋堂書店（なんようどう）」には建築家や建築を学ぶ学生が集まり、大阪・千日前（せんにちまえ）の料理書専門書店「波屋書房（なみや）」はプロの料理人御用達だ。店に訪れるのは主に専門家やマニアで、ライトユーザーはあまり来ない。

しかし最近の専門書店は少し違っている。東京・三軒茶屋にある「Cat's Meow Books」は、猫本専門店だ。猫の専門家も来るかもしれないが、あくまで普通の「猫好き」が集まる店である。ビールも出しているので、近所の住人も会社帰りに立ち寄る。一般にたくさん存在する「猫好き」を主なターゲットにして、その周辺の人が集まる。ジャンルは狭いが、間口の広い店といえるだろう。

二〇一八年三月に日比谷シャンテの三階にオープンした「HMV & BOOKS HIBIYA COTTAGE」は、そのコンセプトを「女性のための本屋」と、はっきり言い切っているところがユニークだ。立地的にも、決して女性しか来ないような場所ではない。けれど「女性のため」と一度ターゲットを絞る。もちろん男性の入店を拒むわけではないが、まずはターゲットとしている女性像を第一に考えながら店づくりをすることで、一般的な本屋からは足が遠のいていた女性にも、入りやすい店になっている。老若男女すべてをターゲットにするよりも、品揃えに個性を出すことができ、結果的に間口を広げたのではないだろうか。

いま、商圏のすべての人を対象にすると、逆に無色になってしまい、誰からも求められない本屋になってしまう恐れがある。ターゲットを一度ある程度絞り、店のカラーをはっきりさせることで、逆にふだん本屋に足を運ばない人にまで、あらためて間口を広げていける可能性がある。このことは、これから本屋をはじめる一つの醍醐味であるといえる。万人に開かれた業態であるという本来の特性はそのとき、結果的に活きてくるといえるだろう。

営業時間

営業時間はどのように決めればよいか。一見、それほどこだわる必要がなさそうなところだが、とはいえ初めての人は決め方がわからないかもしれない。

一番スタンダードな基準は、周辺の店の営業時間だ。たいていの小売店は、客の少ない時間には店を開けないので、周辺の店を見れば、その地域の客の動向がおおよそ分かる。効率だけを重視するなら、人のいる時間帯だけ店を開けておけばいいので、周辺の店を参考にしながら人の流れを想像して、営業時間を設定すればいい。

しかし一方で、多くの人がそのような方法を取るからこそ、営業時間によってお店の特徴や思想を出すこともできる。

たとえば「代官山蔦屋書店」の営業時間は、午前七時から翌日の午前二時までだ。代官山という立地で、単に周辺の営業時間だけを見ていたら、朝の七時からという発想も、深夜二時までという発想も出てこない。このエリアはアパレルが多く、朝も早くないし、夜も遅くない。なぜそんなに長く営業しているのか、疑問に思う人もいるかもしれない。

もちろん開店時や閉店時は、他の時間帯と比べたら、比較的空いてはいる。しかし朝の七時に行けば、周辺の住人で犬の散歩のついでに立ち寄る人や、朝活のビジネスマンなどが来ている。夜中の二時に行けば、深夜まで働く資料を探しに来たクリエイターや、渋谷や恵比寿あたりで飲んだ帰りに、タクシーで帰れる距離に住む人なども来ている。

その人たちは、もともとそうしたライフスタイルを欲していたわけではない。代官山蔦屋書店がそのような営業時間で営業していることによって、「早朝の代官山も気持ちがいいね」「深夜の本屋はこういう使い方ができるね」と思う人が現れた。「蔦屋書店があるから、代官山の近くに住みたい」という人さえ、たくさん生み出しているはずだ。本屋の営業時間ひとつで、その街の商圏を広げ、新しいライフスタイルを生み出し、周辺住人まで増やすようなことがあり得るということだ。

また、広島・尾道（おのみち）には「弐拾dB（にじゅうデシベル）」という小さな古本屋がある。ここは、平日は深夜二三時から翌三時までしか営業していない。誰が来るのかと思う人もいるだろうが、他にどこも営業していない時間だからこそ、その時間に何かしたいと思う客が来る。ぼく自身、初めて行ったとき以来、尾道に行くという人と会うたびに「深夜二三時から午前三時だけ空いている『弐拾dB』っていう本屋があるから、最後に行ってみてね」と伝える。営業時間ひとつで、人に言いたくなる演出ができているのだ。

営業時間は、あくまで一例にすぎない。それ以外にも、一見こだわる必要がなさそうでも、思い込みや常識にとらわれずに新たな考え方を導入することで、それが他にない大きな特徴となるようなポイントが、きっとあるはずだ。

昔ながらの本屋と、これからの本屋

日本の出版業界における、新品の紙の本の売上のピークは一九九六年で、書籍と雑誌の合計は二兆七〇〇〇億円だった。二〇一七年の合計は一兆四〇〇〇億円となっており、この二〇年で約半分になっている。

一九九六年までの間、売上は右肩上がりで伸びていて、新刊書店は安定した商売として知られていた。当時の店舗物件のオーナーにとって、新刊書店は安定的な需要が見込め、かつ返品できるためリスクが低い、理想的な業態とされていたという。取次の後押しもあって、駅前やロードサイドに、どんどん出店されていった。

資格もいらず、利益率もほぼ一定なので、売上だけ見ていればよい。商品はどんどん送られてきて、客は自然と本を求めてやってくる。内装にはことさらこだわる必要はなく、陳列も一般的でよい。接客は不愛想でも、立地がよく、ほどよい営業時間でやっていれば、老若男女を広くターゲットにして、安定的な収益を得られた。昔ながらの新刊書店は、そういった背景でどんどん増えていった。しかし一九九六年を境に、売上は右肩下がりになっていく。

ぼく自身も、昔ながらの本屋に育てられた。あの頃のような本屋にも、できることなら残っていてほしいという願いもある。けれど大人になって本の仕事に就いてみると、残念ながらだいぶ時代が、環境が変わってしまったと感じる。そのような昔ながらの考え方で本屋を続けていくのは、もう難しい。

ぼくたちは、これからの本屋について、継続できる形を考えなければならない。いくら時代が変わっても、「本をそろえて売買する」ことはできるはずだ。ここまで述べてきたような、小売業としての基本は、もちろん踏まえなければならない。けれど同時に、時代に合わせて、本屋をアップデートしていく必要がある。

ぼくの考えでは、それで生計を立てていこうと思えば、取るべき方針は「ダウンサイジング」と「掛け算」だ。また、独立して生計を立てなくても、本屋として生きていくことはできる。そのための方針は、「本業に取り込む」か「本業から切り離す」ことだ。

次章以降では、それら四つの視点をもとに、これからの本屋の形について、ひとつずつ考えていく。

＊1　『書店経営の実態』（トーハン）

＊2　菊池敬一『ヴィレッジ・ヴァンガードで休日を』（新風舎、二〇〇五）

第５章

本屋をダウンサイジングする

小さな本屋

これから本屋をはじめるのであれば、できるだけ小さくあったほうがよい。

前述のとおり、ある時代まで本屋は「大きいほどよい」という感じ方が一般的だった。そこに行けば、探している本が必ず見つかる。広大な坪数、途方もない冊数が、宣伝の決まり文句だ。いまも、そのような大きな本屋がない地方に行くと、それを渇望している住人は少なからずいる。

たとえば自分の生まれ故郷にそういうニーズを見つけたら、自分が開店しようと考える人もいるかもしれない。けれどそれは、残念ながらかなりの冒険だ。大きいほど家賃も人件費もかさみ、在庫もものすごい金額になる。大手チェーンが出店していないのは、つくっても商売が成り立たないからだ、と考えるほうがよい。そのくらいには成熟した業界だ。

日本人は小型化することが得意だと言われてきた。一九八二年には、『「縮み」志向の日本人』（学生社、のちに講談社学術文庫）という日本文化論がベストセラーになった。しかしその当時、出版業界はまだ右肩上がりで、書店はどんどん大型化していた。それから三五年経ったいま、あらためて小さな本屋がいい、書店をダウンサイジングしよう、というのは遅すぎるだろうか。いや、むしろいまこそ考えるべきだ、とぼくは思う。

大きな本屋が近くにあり、目的の本がすぐに探せるのは幸せなことだ。しかしそうした領域は、テクノロジーがどんどん解決してしまう。けれど、ふらりと入った本屋で、知らない本、そういえば気になっていた本、なぜだか気になる本に、不意に出会う個別の体験は、本屋がある限りなくならない。その本屋は、必ずしも大きな本屋とは限らない。小さくとも、あるいは小さいからこそ、それができる。

京都・一乗寺の「恵文社一乗寺店」の店長だった堀部篤史氏が独立して「誠光社」という本屋をはじめるとき、いくつかのメディアで対談させてもらった。「ダウンサイジング」というのは、堀部氏がそのとき自店を説明するために使ったことばだ。

恵文社一乗寺店の広さは一二〇坪。小さくはないが、決して大型書店というほどではない。「本にまつわるあれこれのセレクトショップ」として、地元でも愛され、遠くからもたくさんの人が訪れる。併設のギャラリー「アンフェール」ができ、雑貨などを扱う「生活館」ができ、堀部氏が退職する少し前に、イベントスペース「コテージ」もできた。充実したオンラインショップもある。堀部氏が抜けたいまも、すばらしい本屋だ。

けれど多角的に店を展開させていけば、抱える人の数も、見るべき広さも、商品の数や種類も増え、それに伴ってやるべきことが増えていく。独立した堀部氏は、まずそれらを一度、自分ひとりで抱えられるようにダウンサイジングすることにした。

日本はもちろん、世界を見渡してみても、元気な本屋の多くは、小さな本屋であるように感じられる。それらの小さな本屋は、どのように経営されているのか。なぜ元気なのかを、本章で明らかにしたい。

堀部氏は「今のお店で一番良かったのは、最初に小さく設計したこと」「最低限で考えたのがよかった」と語っている（二五九頁を参照）。なお、一九八二年にベストセラーとなった日本文化論の英語版タイトルは“*Smaller is better*”である。

人を雇わない

小さな本屋を経営していきたい。そのとき、まずダウンサイジングすべきものとして、一番わかりやすいのは経費だ。

いきなり生々しい話のようだが、金額についてだけの話ではない。経費となる項目が多いということは、店に関わる要素、気にするべき要素が多いということでもある。特に固定費は、売上に関係なく毎月のしかかってくる。もしその項目ごと意識から外すことができれば、それだけ店としての理想を追求することに集中できる。

中でも最大の経費のひとつは、人件費だ。ひとりで目が行き届き、回していけるような店にできれば、人件費という項目自体を気にする必要がなくなる。

とはいえ、できるだけ毎日決まった時間に空いているのが店の基本である。いくらひとりで回せるサイズとはいえ、店を離れなければいけない用事が生まれることもある。その時に店を閉めたくない。あるいはたまには休みたいが、定休日はつくりたくない。そのように考える人も多いだろう。

その場合は、なるべく家族だけで補えるようにする。前述の「誠光社」の堀部氏や、東京・荻窪にある「本屋 Title」の辻山良雄氏は、夫人と二人三脚で店を営んでいる。

働く人間を自分だけ、あるいは家族だけにすることができれば、人件費は、毎月決まった額が必要な固定費ではなく、売上に応じて変えられる、変動費に近いものになる。誰かを雇うにしても、店番をしながら空き時間に自分の仕事もできるような、時間の自由が利く友人に臨時のアルバイトをお願いするなど、コントロールしやすい状態であるとよい。

家族だけで店をやるということは、人生と店とが密接に重なってくるということだ。きっと苦労もあるだろうが、代えがたいよろこびもあるだろう。また、誰も雇わなければ、他人の人生を背負うこともない。続けるのも止めるのも自分たち次第で、誰かに迷惑をかけずにすむ。

ただし、もちろん、自営業そのもののリスクもある。夫婦でやる場合、万が一、店が急に立ち行かなくなったときのことを考えると、片方はどこかに勤めているほうが安全だという考え方もあるだろう。前述の「Cat's Meow Books」の場合、日中は、店主は企業に勤めていて、代わりに夫人が店番をしている。夜帰宅した後と土日だけ、店主が店に立つスタイルだ。

自宅を兼ねる

もうひとつの大きな経費は、家賃である。

たまたまよい店舗物件を持っていて、家賃を払わなくてよければ、それに越したことはない。しかし、そんな好条件を持っている人は稀だろう。長くやっていくことを見越して、福岡の「ブックスキューブリック」や東京・赤坂の「双子(ふたご)のライオン堂」のように、店舗物件を購入してしまう方法もある。しかし、資金がなければもちろん、ローンを組まなければならないので、家賃同様に固定費として考えなければならない。

賃貸でも、あるいは購入する場合でもできるダウンサイジングの方法は、自宅と店舗を兼ねることだ。

これは、昔ながらの個人商店のスタイルだといえる。自宅と店舗が空間的につながっていれば、人を雇わずに家族でやっていくこともより自然になる。前述の「誠光社」や「Cat's Meow Books」も自宅兼店舗であり、どちらも一階が店舗で、二階の自宅とつながっている。

そもそも、ひとつの部屋の用途が多目的であることは、日本家屋の特徴のひとつとして挙げられる。性格や考え方にもよるだろうが、必ずしも、自宅と店舗がきっちりと線を引いて分かれていなくてもよい。たとえば、営業時間外には店舗部分が、リビングや書斎を兼ねるような形もあり得るだろう。

一等地ではない立地

家賃は広さだけで決まるわけではない。当然のことだが、一般的によいとされる立地は、そのぶん家賃も高い。上階や地階より、路面の一階。裏通りより表通り。できるだけ駅近。そう考えたくなる気持ちもある。

先に述べたように、かつて本屋の立地は、商圏の売場面積やアクセスなどによって分析され、判断されてきた。けれど、個人ではじめる小さな本屋において、もはやそうした分析は意味をなさない。本屋はとっくに、一等地にて老若男女、できるだけたくさんの人に来てもらうような、景気の良い商売ではなくなった。

そのため、どこに出店するかということは、どんな店にしたいかということと、密接に重なってくる。たとえば「誠光社」は、路地裏の物件だ。ぼくの経営する東京・下北沢の「本屋B&B」は、雑居ビルの二階でスタートし、移転した現在は地下一階で営業している。「本屋Title」は、荻窪駅から徒歩で一〇分以上離れた場所にある。どこもとても一等地とはいえないが、近所の人はもちろん、遠くからもそこを目がけて、人がやってくる。

一等地にあり、誰でも入りやすい店にすると、それだけいろいろな客が入ってくる。あらゆるニーズが向けられるようになり、それに応えようとすると、結果、個性の薄い店になりかねない。意志をもった人しか来ないような、あえて一歩引いた立地にすることで、ゆるやかに客を選び、その人たちに心地の良い場所をつくることに集中できる。時間はかかるが、近しい感覚をもった客が増えていく。

そう考えると、むしろ家賃の高い一等地は、あえて外したほうが良いとも言える。例としては極端だが、隠れ家的なバーなどをイメージするとわかりやすい。そのほうが、濃密なコミュニケーションが生み出しやすいのは自明だ。

とはいえ、分かりにくい立地であれば、通りすがりの客が期待できないぶん、店の存在を知ってもらわなければならない。そのためには情報の発信力が必要だ。たとえばSNSで、入荷した本を紹介するだけでなく、頻繁にイベントや展示などを開催していればその情報は店独自のものになるので、より拡散力がある。遠くから目がけて来てくれる客も、最初はそうした情報によって店を知る。その人たちに少しずつ、常連になってもらえるように努力する。

見渡せるサイズ

人をできるだけ雇わず、ひとりで目が行き届くようにするとなると、自ずと面積も決まってくる。物件の形にもよるが、具体的には二〇～三〇坪くらいだろう。

それは、物理的に視線が行き届く限界であると同時に、作業量的な限界でもある。新品の本であれば年間八万点の本が出版され、古本であればその蓄積がすべて商品となり得る。それらが毎日売れていき、そのぶん新しいものが入荷する、変化のある売り場をつくり続けなければ、客も飽きてしまう。売り場の全体に、そのような変化を少しずつ出し続けられるように目配りする作業を、ひとりでやらなければならない。この部分は、経験や業態によってもまるで違うだろうが、やはり二〇～三〇坪がひとつの目安となる。本の点数でいうと数千～一万数千タイトルくらいだろう。

店主の目が行き届くということは、客の目が行き届くということでもある。大型書店では、人の出入りを常に把握し、いま何人の客がいるかを認識することは難しいが、小さな本屋であれば、客が入ってきた瞬間にわかる。この客は自分の店で本を買いそうか。以前に来たことがあるか。店主がそんなことを考えているうちに、客の側も店内を見渡して、興味を引かれる本はあるか、あるとしたらどのあたりかを、目で探している。逆にあまりに狭すぎると、距離が近すぎて、本が選びにくいと感じる人もいるかもしれない。適度な広さが、ちょうどよい距離感を生む。

だからサイズ感は、接客にもかかわっている。狭い空間の中に長時間いれば、会計をするときなどに、自然とコミュニケーションが生まれやすい。たとえ同じ本を後からAmazonで買えるとしても、いま直接この店で買いたい、また次も来たいと思ってもらえるような接客ができれば、いくらテクノロジーが進もうとも、リアルな店を続けていける。小さな本屋こそ、人と人との関係づくりが大切だ。

短い営業時間

個人のサイズで考えると、営業時間にもおのずと限界がある。いわゆるサラリーマンの労働時間と合わせるなら、残業なしで八時間だ。毎日ひとりで店に立ち続けるなら、最長でもせいぜい一〇〜一二時間くらいの営業時間にしておくのがよいだろう。

「代官山蔦屋書店」の長い営業時間が、新たなライフスタイルを生み出したことについて、前章で書いた。もちろん長く営業できるに越したことはないが、一方でもうひとつの例として挙げた「弐拾dB」は、平日は四時間しか営業していない。残りの二〇時間の中に、開けていればもっと売上があがる時間帯もあるだろう。そのぶんの家賃がもったいない、という考え方もある。けれど、平日の深夜四時間しか開けていないからこそ、名が知られているという面もあるのだから、一概には言い切れない。立地の話とも似て、一等地にあたるような時間帯をあえて外すことで、隠れ家的にしているともいえる。

そのように考えると、営業時間を短く絞ることもまた、意志をもった人しか来ないようにするための方法として有効だ。来るべき人は、きちんと営業時間を調べて、その時間を目がけて来てくれる。ならば営業時間は、自分の店にとって最も心地よい時間帯、あるいは売上効率のよい時間帯に絞って設定しても構わない。もちろん「弐拾dB」のように、どこかにギュッと短く絞ることで、店の個性を表現する手段に使うのもよい。

売上のことを考えたら、そう言い切れないときもやってくるかもしれない。けれど客の気持ちになって考えると、営業時間は後から短くするより、後から長くするほうがよい。最初は短くはじめて、じっくりプライベートの時間を取る。本屋なのだから、本を読む時間くらいつくりたい、と考えるほうが真っ当だ。

世界観をつくりこむ

できる限り他人を雇わず、可能なら自宅を兼ねて、一等地ではない立地で、見渡せるくらいのサイズ感で、無理のない営業時間で、店をやる。それらは、あくまで手段の話にすぎない。何のためにそうするかといえば、継続しやすい形にすることで、自分なりに理想とする本屋をつくりこむことに集中するためだ。

日本で出版される新品の本は毎年八万点。取り寄せ可能な流通在庫は約一〇〇万点と言われる。古本であればそれは無数で、個人の認識できる範囲としては無限に近しい。それらの中から、自分が売りたいと思える本を選ぶ。この本の隣にはこの本を、この棚にはこういう分野を、こういう文脈を、こういう価値観をと考えながら並べていく。内装、清掃、明るさ、温度や湿度、音楽、香り、装飾など空間の隅々にこだわることで、それらの本の魅力を引き出し、手に取られやすいように演出していく。ひとことで言うなら、それらはすべて、店の世界観をつくりこむ作業だ。

そこには広さと深さの二つの要素がある。

小さな総合書店として、一冊一冊を吟味して並べ、できるだけ広くて深い世界をつくりこむ。あるいは、ある分野の専門書店として、あるいは特定のターゲットに特化して、できるだけ狭くて深い世界をつくりこむ。つまり広くても狭くてもよいが、深いほどよい。少なくとも、こちら側が浅くてよいということはない。店として入門的であることを志向することはあり得るが、何が入門として相応(ふさわ)しいかは、深く知らなければわからないからだ。勉強することをやめてしまうと、本屋の時間はそこで止まり、徐々につまらなくなる。

偏っていてもよい。先にも述べたように、客のニーズに対する最適解を導くのは、テクノロジーの側の得意技だ。生身の人間が手がける本屋は、特定の価値観の押し付けにならないように配慮しつつも、その広さや深さは、自分の世界にあってよしと認める、自分なりの美意識の範囲内でつくりこむほうがよい。少し偏ったフィルタとしての個人も、店の個性となり、魅力となる。個人店なのだから、自ずと店主の人格があらわれてよいし、そのことからは良くも悪くも逃れられない。

もちろん最初は、自信を持てないこともあるだろう。けれど最初から素晴らしい本屋というのは、実はあまりない。最初が一番で、あとは衰えていくとしたら、それは単に努力を怠っているだけだ。何か好きなことがあってもそれほど掘り下げることなく、どこかの地点で安住してしまい、それを消費していればよいタイプの人は、本を触っていてもあまり棚が変化していかない。好きなことをもっと掘り下げたいという探求心があり、次々気になることを見つけてしまう好奇心があり、それが人に見られているという自意識と、さらによく見せたいという向上心が強い人は、本を触るうちに自然と勉強して、棚が徐々に深くなっていく。オープンから時間が経つにつれて、そうした店主と客との無言のコミュニケーションの結果が堆積していき、同じ面積の店であっても、その世界はどんどん深いものになっていく。よりシンプルでロジカルに研ぎ澄まされていく店も、よりカオティックに溢れ出していく店もあり、どちらも面白い。

粗利率を上げる

細部まで世界観をつくりこむために、できるだけ小さくありたい。けれど一方で、一般論としては、本屋の面積が倍になれば、並べられる本も倍になり、売上も倍になる。売上は〈客数×客単価〉にすぎないので、広さに比例して売上が上がるのはよく考えると不思議な気もするが、傾向としてはやはり、そうなりやすい。

小さな店で、少ない売上でも、なんとか自分の目の届く範囲で、濃い店をやっていきたい。そのためにできるだけ経費を減らす話をしてきた。もうひとつ減らせるとすれば、原価だ。つまり粗利率を上げる。

とはいえ、古本ならばともかく、新品の本を中心とするのであれば、仕入値がそれほど大幅に変わることはない、と前章で書いた。「掛率の平均は自然と七〇〜八〇％台」と書いたとおり、一〇％程度の差しかない。

しかしよく考えてみると、一〇〇〇円の本の掛率が八掛ならば粗利は二〇〇円、七掛ならば粗利は三〇〇円となり、そこには一・五倍の開きがある。仮に、月二〇〇万円の売上を上げられたとして、その粗利率が二割で四〇万円なのと、三割で六〇万円なのとでは、かなり大きな差だ。そこから家賃や光熱費を支払わなければならない。

これも「誠光社」の堀部氏が、独立するにあたり考えたことだ。本来は取次を経由して八掛近くで仕入れるところを、自分の店で扱いたい本を出している出版社に、返品しない代わりに直接七掛で仕入れさせてもらえるよう、一社ずつお願いをして回った。そうして、店全体の粗利率をなるべく三割に近づけた。

これは、もちろん堀部氏の「恵文社一乗寺店」時代の実績と信頼があったからこそできたことでもある。しかし同時に、取次を通さないぶん、出版社にとっても無理な条件ではない。堀部氏は、直接口座を開くことができた出版社のリストを「誠光社」のウェブサイトで公開している。すべての出版社が応じてくれるわけではないだろうが、これから小さな本屋をはじめる人にとっては、役立つリストになっている。

まるで食品かと思わせるほど賞味期限が短い本もあるが、長い時間をかけてでも売りたいと思える本を自分で選んでいれば、それが腐（くさ）ることはない。もちろん、いつ訪れても新しい発見がある、新鮮な売り場を保たなければ、客は離れてしまう。けれど本章で述べているような小さな本屋には、どんどん入荷と返品を繰り返すことで新鮮さを保つような形はそぐわない。

思い入れをもって選び直接仕入れた本を、最後まで責任をもって読者に届けようと、売場で工夫し続ける。その提案に新鮮さがあれば、その本の新たな魅力が引き出され、これまでその本を手に取らなかった客にも、再発見されるかもしれない。粗利率を上げられれば、そのぶん丁寧に、価値ある仕事ができる。理想論かもしれないが、小さな本屋であればこそ、細部までそうした手を入れ続けられる可能性がある。

とはいえ、ただ小さくしたからといって、本を売ることだけで生計を立てていくことは、決して簡単ではない。実際は「誠光社」や「本屋 Title」をはじめ、本章に「ダウンサイジング」の例として挙げた本屋は、それぞれの「掛け算」にも取り組んでいる。次章ではそのことについて述べる。

第６章

本屋と掛け算する

掛け算とは何か

本屋をやろうというのだから、もちろん本を売りたい。けれど、本の売上だけで利益を出し続けるのは大変だ。本の他にも収入源があるに越したことはない。

ぼくのやっている「本屋B&B」は、二〇一二年のオープン以来毎日欠かさず、トークイベントを開催しているのが特徴だ。ビールをはじめとするドリンクを出して、雑貨や家具も販売し、朝には英会話教室もやっている。移転後にはギャラリーも併設した。

これらはただの「足し合わせ」ではなく、相乗効果を生み出しているので「掛け合わせ」になっているといえる。たとえば、実際に「本屋B&B」では、イベントの集客のよい日であればあるほど、ビールだけでなく、本も売上が高くなる。

本屋を継続していきたい。だからこそ、そこに何か別のものを掛け合わせる。できれば同じ広さのまま、できれば最小限の人数で、それも収入源のひとつにする。複数の収入源があれば、何かひとつの要素が傾いてきても、別の何かで補うことができ、継続しやすくなる。そのことで、本屋自体の価値を高めることを志向する。

本屋なのに、本以外のものを扱うなんて、邪道だと思う人もいるかもしれない。「あそこまでいくと、もはや本屋ではない」という一線も、どこかには感じるだろう。けれどその境目は、「本」の定義と同様、人によって違っている。本章ではできるだけ「本屋」を広く捉え、その継続のために本以外を扱うアプローチについて、なるべく多くの考え方のバリエーションを提示したい。

私はコーヒーやケーキを売る本屋に行ったことがあるし、タイ料理屋を兼ねている本屋だって知っている。また、人生に絶望した人の相談所として機能しているとおぼしき店に出くわしたこともある。いまのご時世、繁盛する本屋になるためには、本を売る以外のこともいろいろやらなければならないというのが一般的な考え方だ。それでも、私が本屋に求めたいものといえばやっぱり、本そのものに対する情熱なのだ。それも、入口に立って熱心に客を呼び込むという類のものではなく、ほかの店にはない品揃えにするとか、自分の感性と信念を通じて本の世界を表現するという形で表れる情熱である。

ヘンリー・ヒッチングズ編
『この星の忘れられない本屋の話』（ポプラ社、二〇一七）一七頁

もちろん、「本そのものに対する情熱」があるひとであればあるほど、「本を売る以外のこと」など考えたくないかもしれない。客のほうも、できることなら本だけを扱っていてほしいと感じるかもしれない。けれど、「本を売る以外のこと」について考えることと「本そのものに対する情熱」とは矛盾しない。どちらも同時に持つことができる。むしろ、情熱をもって本を扱い続けるためにこそ、本以外のものを扱うことを積極的に検討すべきだ。

そもそも本だけを売ることにこだわっていたら、売上が傾いてくれれば、売りたくない本も売らなければならない。売りたいと思える本だけを売るためにこそ、本以外のものも売る。逆説的ではあるが、本以外のもので少しでも収益を安定させることができれば、不本意な本を売ることなく、売りたい本を売ることに集中できるともいえる。

本を選ぶことに三倍の手間をかけても、なかなか本だけで三倍の利益は上がらない。けれど、三倍の手間をかけて選び抜いた本が並ぶ空間には、他にはない別の魅力が生まれる。「掛け算」は、その空間のもつ魅力を、違った形で収益に変える可能性を模索することでもある。

ただし「掛け算」は、必ずしも直接的な収益を目的とするものだけではない。たとえば、前章で述べた「誠光社」でも、トークイベントを頻繁に開催しているが、収益をそれほど目的とせず、あくまで「本屋の広告のつもりで」やっているという。

「本そのものに対する情熱」を携（たずさ）えながら、すべてが必ずしも直接に収益を生まなくとも、全体として、理想とする形で本屋を続けることを目指し、扱うものを

本以外にも拡張していくこと。それを本書ではひろく「掛け算」と呼ぶ。本を並べているだけで飛ぶように売れていた時代が過ぎ去った以上、これからの本屋は多かれ少なかれ「掛け算」をしていくことになる、とぼくは考えている。

何とでも掛け算できる

世界のあらゆることについての本がある。だからこそ本屋は、何とでも掛け算ができる。

花の本の隣で生花を売ってもよいし、自転車の本の隣で自転車を売ってもよい。インテリア雑誌の隣で賃貸物件を扱う不動産屋が営業していてもよいし、恋愛小説の隣で結婚相談所を営業してもよい。

その主従関係もさまざまだ。本を主にすることも、従にすることもできる。もちろん対等になることもできる。たとえば無印良品のやっている「MUJI BOOKS」に行って目を凝らしてみると、そのバリエーションがよくわかるだろう。本が主でそこに雑貨が少し紛れている売り場と、雑貨が主でそこに本が少し紛れている売り場、そして本と雑貨が対等に「旅」「香り」など共通のカテゴリで隣接して並べられている売り場の、三種類が巧みにミックスされている。無印良品では元々ありとあらゆるものが売っているから、巨大な無印良品の店舗においても、さまざまな本との掛け算ができる。

逆にいえば、何とでも掛け合わせられるからこそ、これから小さくはじめる人は、何と掛け合わせるのかが重要になるといえる。「雑貨を売ります」「カフェも併設します」というだけでは、もはや特徴にならない。せめて、どんな雑貨なのか、どんなカフェなのかくらいは、明確にしておきたい。掛け合わせそれ自体が珍しがられる時期は、すぐに過ぎ去ってしまう。近隣の雑貨屋やカフェと比べられても遜色ないような、独自の魅力がほしい。

大切なのは、きちんと自分の強みを生かすことだ。他に前例がないからと突飛な業態を考え出すよりも、自分が好きなものや得意なものとの掛け合わせを突き詰めるほうが、結果的によい店になる。特別な技能や資格を持っていれば、それと本屋とを掛け算するのが一番良い。元バーテンダーが本屋を開くなら〈本屋×バー〉がよいし、元漁師が本屋を開くなら〈本屋×魚屋〉や〈本屋×漁具店〉がよいかもしれない。

同時に、本屋としての魅力を引き出すような、トータルのバランスも考えたい。カフェが併設されている本屋が、カフェとしてよい店だとしても、カフェだけ利用して帰っていく客が大半になってしまうと、そこに相乗効果があるとはいえない。ただ違う業態が空間をシェアしているだけだ。成り立つのであればよいという考え方もあるが、せっかく同じ空間を共有しているのなら、単なる収益源としてだけではなく、なるべく相乗効果のあるあり方を追求したい。

理想的なのは、カフェを目的に来た客が本も買いたくなる、本を目的に来た客がカフェにも寄りたくなる、という店だろう。そうした相乗効果が生まれているということは、店として一本の筋が通っていて、客の共感を得られているということだ。うまく掛け算することができれば、その内容とバランスに他にはないオリジナリティが生まれ、愛されて長く続けることができるはずだ。

言い方を変えるならば、掛け算の対象はすべて、その本屋にとって広義の「本」であるべきだ、ということになる。先に述べたように、本書でいう広義の「本」は、「本屋が中心的な商品として、積極的に扱いたいと考えているもの」だ。それは、さまざまな掛け算をしているとしてもそこに一本の筋、本屋としての一貫した価値観があるということにほかならない。

本を売らない本屋のあり方

また本書では「本をそろえて売買する人」でなくとも「本を専門としている人」を皆「本屋」と呼ぶ。たとえば歯医者の一角に本棚があって、院長お勧めの本を並べていて、長くなりがちな待ち時間の間にぜひ読んでほしいと思っているとしたら、広義には〈本屋×歯医者〉であると考えたい。

よって、本を売らない掛け算の形もある。本が閲覧用に、訪れた人に読んでもらえるように並んでいる場所は、人と本との出会いの場所のひとつだ。本棚ひとつでも、ほんの数冊のコーナーでも、本が読める場所が街の中にいくつもあれば、それは街じゅうに小さな図書館があり、街全体がひとつの図書館のようになっていると言える。

たとえば院長の選書がすばらしければ、街にいくつかある歯医者のうち、本があることを理由にその歯医者を選ぶ人が出てくる。長くやっていれば、子どもの頃その歯医者に通ったおかげで、自然と本を読むようになった、という人さえ出てくるかもしれない。この〈本屋×歯医者〉は、よい相乗効果を生んでいるといえるだろう。ビジネスとしての歯医者の集客に本が役立っていて、かつ歯医者という業態に生まれがちな待ち時間が、本の面白さを伝える役割を果たしている。

このような本を売らない本屋のあり方もある。

ひとつだけ注意したいのは、本の貸出を行う場合だ。本には著作権があり、その中に貸与権というものがあるので、日本で貸出のビジネスをする場合は原則的に、収益を著作権者に還元しなければならない。

著作権管理団体である「一般社団法人出版物貸与権管理センター」を通じて、使用料を支払うことができる。近年DVDレンタル店などでコミックのレンタルを行っているが、元はこの業態がきっかけで生まれた団体だ。実際に、本の貸出がビジネスとして成立しているのは、現時点ではコミックだけであるといってよい。話を伺ったところ、コミック以外の書籍も著者の意向で一部は許諾の処理がされているものの、実際には貸出が行われている事例の報告はないという。

なお、いわゆる「貸本屋」という業態は、本が高価だった昔から庶民の娯楽として親しまれ、一九六〇年代初頭までは全国にたくさんあった。その後、本が安価になり、公共図書館が充実していったことによって衰退していったが、二〇〇〇年以前から貸本屋として営業していて、蔵書数が一万冊以下であれば、既得権として使用料は免除される。東京・池尻大橋の「ゆたか書房」など今でも営業しているところが数軒あるが、聞くとやはりコミックが中心であるという。

また、本の貸出は、たとえそれ自体でお金を取らないとしても、注意が必要だ。本を貸すということは、再度返しに来てもらうということになる。客に再訪してもらうことを狙って本の無料貸出を行っているとすれば、それは本という著作物をビジネスに利用していると捉えることができる。そう考えると、ビジネスの収益の一部は、著作権者に還元すべきということになる。

プライベートで、単に友達に本を貸したりすることは、もちろん問題ない。営利目的ではなく、小さな私設図書館をつくり、地域の交流の場とするような活動も盛んで、それも問題ない。また、貸し借りを行わないのであれば、店内に閲覧用の本が並んでいて、そこで別のビジネスを行うのも問題ない。貸出を行うことがビジネスと結びつく場合においてのみ、注意が必要になる。

そのため、本を売らない本屋で生計を立てたいと考えるのであれば、貸出はややハードルが高いと考えておいたほうがよい。できれば、その空間の中でだけ閲覧することと、他のビジネスとを組み合わせるほうがよい。もし貸出を行う場合は、前述の出版物貸与権管理センターや、弁護士などの専門家に相談するのがよいだろう。

なお、本を売らない場合、本を管理するのには「リブライズ」というサービスを活用するのが便利だ。簡易的な図書館の在庫管理・検索システムのようなもので、蔵書されている本を、インターネット経由で一覧にして見せることができる。私設図書館のような場所では貸出のシステムとしても利用できるし、貸出をしないとしても、本の管理だけでなく、どんな本がある場所かを訪れる人に知ってもらうことができる。

以降では、いくつかの業態との「掛け算」のバリエーションについて、それぞれに事例や注意点、考え方などをみていく。

本屋×飲食業

最初に思い当たるのは、飲食業だろう。特にカフェ的な業態としてコーヒーを出している場合は「ブックカフェ」と呼ばれることが多い。ひとくちにブックカフェと言っても、本を販売している店と、閲覧のみにしている店とがあり、どのくらい本に力を入れているか、コーヒーに力を入れているか、その間のグラデーションも様々だ。また、本を売っている場合、会計前の本がカフェスペースに持ち込める店と、持ち込めない店とがある。一部商品に限定しているところもある。空間的なバランスも様々で、本屋とカフェが絶妙に融合されている店もあれば、きっちりと線が引かれていて、ただ本屋にカフェが併設されている感じの店も多い。またブックカフェ以外にも、読み放題の空間と時間とを有料で提供することを主として、そこに飲食が加わる形の業態もある。いわゆる「マンガ喫茶」はそれにあたり、広義の飲食業と考えると、数としては一番多いだろう。

一般的な飲食店においては長い間、売上原価率三割と言われてきた。しかし最近では四割以上が成功の秘訣と言われることも多く、また一〇割を超える目玉商品を混ぜて全体で利益を出すような考え方もあり、一概には言えない。どちらにしても、七〜八割となる本よりは、粗利率が高い。そのため書店を長く経営してきた人たちからすると魅力的に見える。しかしもちろん調理するぶん人件費もかかり、食材のロスなども出やすく、客の目や舌も肥えていく一方なので、競争率は高い。少なくともただコーヒーを出すだけなら、近隣の喫茶店やカフェと必ず競合することになるので、何らかの付加価値をつけなければならない。

ただ、本屋と飲食店の相性はいい。それは、飲食店においては、ゆっくり時間を過ごすことを求めている客が多いからだ。本を読むためにカフェに行く、という人も多いだろう。ただ飲食するだけでなく、それと一緒にゆっくりと本を読む時間を過ごす。そういうイメージの中で、本がたくさんあることは飲食店の空間的な差別化にも機能する。

ひとつ注意すべきこととして、とくに本を販売する場合は、入り口の動線やファサードのデザインがとても重要だ。飲食店ではふつう、入店した時点でイコール、そこで何かしらの飲食をしてお金を払う意志があることが前提になる。しかし書店ではふつう、入店しても必ずしも本を買うとは限らない。

つまり、外からパッと見て、飲食店と感じるか、書店と感じるかによって、客の行動が変わる。もし、本屋としての機能を主として考える場合や、飲食を利用しない人にもなるべく本を手に取ってほしいと考える場合は、外からの見た目は、なるべく書店らしく演出したほうがよい。一見、飲食店だと思われてしまう店構えだと、本を見るだけでもいいですよ、といくら看板を立てたり声をかけたりしても、客からすると入りにくくなってしまう。

ひとつのコツは、本棚だけではなく平台を、外から目立つような場所につくることだ。特にこうした場所では、本が一冊ずつ棚に差さっているだけだと、人はそれを閲覧用や装飾だと感じ、飲食店の風景として捉えてしまう。しかし平台のような場所に同じ本が複数冊積まれていると、人はそれらを商品だと感じる。商品を説明するPOPなどを添えれば、さらに商品らしくなる。これは、他のどんな業態と掛け算する場合でも同じで、ぜひ留意しておいてほしい。

一方で、飲食店としての機能を主として考えている場合は、当然そこが飲食店だということもまた、外から認知されなければならない。ここに大きなジレンマがある。書店にしか見えないような見た目にしてしまっては、そこが飲食店だと知っている人しか、飲食をしにはやってこない。特に外から店内があまり見えない場合は、入り口付近はあくまで飲食店らしくして、本は最後に会計のときに買ってもらえるよう、レジの横に小さなコーナーとしてまとめるほうがよいかもしれない。もちろん大した売上は期待できないが、半端にやるよりはよい。ともあれこの辺りはケースバイケースで、バランスが難しいところだ。

また店内に入った後も、本屋の利用客と飲食の利用客が互いに邪魔にならないよう、うまく設計しないとならない。本と飲食の場合、完全に対等にすることはむずかしく、主となるのが本なのか飲食なのかは、事前に決めておくほうがよい。売上のバランスと空間のバランスとの両方を考え、全体を組み立てなければならない。

なので、間口の広い物件であるほうが、融合がうまくいきやすいといえる。東京・神楽坂の「かもめブックス」などが好例だ。同店は道に面して広くガラス張りになっていて、入り口向かって左側に、コーヒーカウンターとカフェスペースがあり、右側は奥まで本の空間につながっている。正面からのバランスでいうとカフェ七割、本三割くらいに見えるが、存在感としては同じくらいに認識され、本が目的の人もカフェが目的の人も自然と入りやすく、かといって分断されているような感じもせず適度に融合されていて、バランスが取れているように見える。神楽坂にふらっと訪れた買い物客や、そこで暮らす人たちにとって、コーヒーをテイクアウトして歩ける動線も、席に座る動線も、ぶらっと本を眺める動線もすべてが自然で、結果的にかもめブックス全体への共感が起こりやすくなっているように感じる。

　売上的には飲食を主としながらも、店としてのあり方の中心に大きく本を掲げる、新しい業態もある。東京の初台にある「fuzkue」のコンセプトは「本の読める店」だ。店主の阿久津隆氏が追究しているのは、本を読むのに最高の飲食店であることだ。コーヒーやお酒だけでなく、定食などフードメニューも充実している。ここでは会話をはじめ、大きな音の出る作業が禁止されていて、音が気になるようなこともない。またメニューも滞在時間に応じて変動する特殊な料金体系が設定されていて、何時間も長居しても、気兼ねせずに済むようになっている。空間的にも本に囲まれていて、店に並んでいる本は店主の蔵書だが、常時数点だけ、店主がその面白さを伝えたいと思った選りすぐりの本を、新品で仕入れて販売している。「会話のない読書会」という会を開催したり、店主の膨大な読書日記をウェブサイトで公開していたり、本に対して惜しみない愛情を注ぎながら店を経営している「本屋」として、一部の本好きの間ではよく知られている。

　少し広げて考えるならば、たとえば書店の近くで長年営業してきて、本を買った人がそのまま本を読むために訪れ、ゆっくりとした時間を過ごしていくような飲食店は、広義の「本屋」の役割を果たしてきたともいえる。本を読むのが気持ちよく、また本を読む他の客を眺めていると、ますます本が読みたくなるような店だ。たとえば「本屋」になりたいと考え、飲食との掛け算を考えている人がいるとする。いろんな案を練ったとしても、最終的にはその人にとって、店で本を売らなくても、並べさえしなくても、書店の近くで営業し、その客に本を読むことを楽しんでもらえるような飲食店をやることが、理想の「本屋」の形だった、ということもあり得るはずだ。

一方、もともとあった新刊書店がリニューアルされ、カフェが併設されるようなケースも、いまは増えている。会計前の本が持ち込めるような店も多く、当初は業界からも一部の客からも敬遠されていたが、いまはかなりの広がりを見せているので、拒否反応を示す人も以前よりは減ったように思う。本の売上が厳しくなっていく中、大取次や大手書店チェーンも、積極的にそこに活路を見出しているのだろう。しかし、最初はもの珍しさと利便性で利用されていたとしても、すぐに近所のすぐれた飲食店との競争になる。ビジネスモデルとしての画一的なやり方ではなく、その地域で必要とされている形をひとつひとつ、きちんと考えていかなければならないし、それには飲食業への愛情が必要だ。もし飲食業について何も知らず、やや安易にその掛け算で利益を得ようと考えてしまっているとしたら、飲食業に愛情をもった仲間を見つけて一緒にやったり、自分もどこかの飲食店で働いてみたりするのがよい。逆にそこまでせず、あくまで本屋として、コーヒーくらい飲めたほうがよい時間が過ごせそうだから出す、というようなスタンスもありだ。その場合は収益源としては考えずに、あくまで付加的なサービスくらいの気持ちで、気軽にはじめればいい。

本屋×ギャラリー

美術館や博物館、ギャラリーなど、何かを展示するスペースでは、そもそも少しの本を売っていることが多い。つまり広義の「本屋」であるといえる。美術館や博物館にはミュージアムショップがあり、そこで展示の図録や関連書籍を売っているし、小さなギャラリーであっても、展示中の作家の作品集を売っていたり、自社で出版を行っていたりする。

展示をすることと、関連する本を売ることは、相性がいい。展示物は貴重な一点ものであることが多いから、いくら気に入っても、買って帰ることはなかなかできない。けれどそれが本にまとまっていたり、少しでも掲載されていたりすれば、その本を買うことで、展示を見た記憶とともに、複製としての本を持ち帰ることができる。また、展示に合わせてオリジナルで出版された図録であれば、展示だけではわからなかった背景について、より深く知ることができる。そのため、ミュージアムショップの売上においては圧倒的に、開催中の展示の図録と関連商品がその大半を占める。

またギャラリー展示のよいところは、一定の期間に区切って違う展示をすることで、客の来訪を促し、それが循環していくことだ。ギャラリーの常連客は、展示が代わるたびに来てくれる。そのうちの誰かは、作家のファンになるかもしれない。一方、作家のほうも大切な新作展示の機会であるから、自分の顧客や友人知人に、見に来てほしいと幅広く声をかける。そのうちの誰かは、ギャラリーの常連客となるかもしれない。ギャラリーにとっても作家にとっても、これまでの客が訪れ、新しい客も増やす、大切な機会となる。

そのため、いわゆる新刊書店や古書店にとって、店内にギャラリーを設けることは、よい相乗効果を生む。関連の本を売ることができるだけでなく、常連客に定期的に来てもらったり、新しい客に知ってもらったりするきっかけにもなる。作家と直接やりとりしてオリジナルの企画にすることができれば、図録を編集・出版して販売してもよい。作品自体の販売を行ってそこから手数料を取ったり、あるいは期間に応じて一定の使用料を取ったりすることで、ギャラリー自体を直接的な収益源にすることもできる。こちらからお願いする場合には無料で使ってもらい、持ち込みの場合には有料のメニューを用意しておくなど、差をつけてバランスよく運営していく方法もありだ。

また、前述のように、本屋は品揃えが日々変化しているとはいえ、それは生き物のように「動的平衡」を保っているため、風景としてはそれほど大きな変化は起こりにくい。そんな中、ギャラリーが店内空間のうちそれなりの割合を占めていれば、展示がガラッと入れ替わることで、全体の風景にも大きな変化を起こすことができる。

もちろんそのキュレーションを行うのは大変だ。ギャラリーに勤務した経験があればよいが、少なくともそうした展示を観に行くのが好きで、自分なりの目線で良し悪しを判断できる人でなければ、よい相乗効果を生み出すのは難しいだろう。

けれど、何もないところにいきなりギャラリーをつくるよりは、本屋との掛け算であるほうが色々とやりやすいのも確かだ。そもそも本屋として本を見に来る一定の客がいれば、作家側としては普段とは違っていろんな人に作品を見てもらえる機会になるといえる。また絵本や写真集を出版している出版社に、出版を記念した原画展や写真展が開催できる場所として活用してもらうこともできる。

悩ましいのは、本もギャラリーも、壁を使うことだ。本屋の空間の中で、一番たくさんの本が置けるのは壁面だ。店内の全体を見渡せるような高さにしたいと考えても、壁面だけはどれだけ高さのある本棚でも置ける。そしてギャラリーも、主に平面作品を扱おうとすると、壁面がよい。そのため本屋にギャラリーをつくりたいと思えば、本のための重要な売場を、ある程度削らなければいけないことになる。

最も潔い例は、東京・銀座の「森岡書店」である。「一冊の本を売る本屋」として、いまや世界的に知られている。店主の森岡督行氏は、神保町の老舗古書店「一誠堂書店」に勤めた後、独立して写真集や美術書をメインとした古書店を東京の茅場町に開き、そこにギャラリーを併設していた。現在、この茅場町店は閉店しているが、その後に開店した銀座店は、約五坪の小さなスペースで、毎週、一冊の本を中心に据えて展示を行っている。言い方を変えると、本をもとにした展示だけを行うギャラリーであるわけだが、長年にわたり古書を扱い、様々な分野に造詣の深い森岡氏がその業態を「一冊の本を売る本屋」と位置づけたことで、本屋の究極の形のひとつとなったといえるだろう。

もちろん一切キュレーションをせずに、お金を払えば基本的に誰でも使えるような、貸しギャラリーとする方向性もあるかもしれない。近隣にそうした展示を行える場所がなく、地域コミュニティに求められているような場合は、それもありだろう。しかし本屋としては大事な壁面のスペースを使うのだから、展示内容の良し悪しを選べない、あるいは選びたくないという消極的な理由でそうするのであれば、無理にギャラリーを併設しなくてもよいかもしれない。

本屋×イベント

小さな本屋において、一番大切で、かつ難しいのは集客だ。近隣の人が定期的に覗きたくなる店や、遠くからわざわざ目がけて行きたくなる店にしたい。ただ本を買うだけなら、いつでも、どこでもできる。わざわざ来てもらうためには、そこにしかない、独自のコンテンツがあるのが一番よい。

本屋につくりやすい独自のコンテンツとして、代表的なものは二つある。一つは前述のギャラリーであり、もう一つがイベントだ。前者が本屋の空間の一部をコンテンツ化することであるとしたら、後者は本屋の時間の一部をコンテンツ化することであるともいえる。

ひとくちにイベントといっても様々だが、ここではまず、ゲストを招いた一日限りのイベントについて述べる。トークショー、ワークショップ、朗読や音楽などのライブといったものだ。

イベントのよい点は、ギャラリーと似ている。まず、イベントに関連する書籍が売れる。そして、店とゲストの集客力が交わり、それぞれの常連客が新しい客として循環していく。

さらにイベントの場合、ギャラリーよりも頻繁に開催できる。ギャラリーの展示を、毎日入れ替えることは難しいだろう。しかしイベントは、毎日やることも、一日に何回もやることもできる。そのぶん、SNSなどで発信する情報も、よりたくさん出せることになる。人には、同じ情報を複数回違ったところで目にすると、話題になっていると感じる性質がある。たとえばSN

ＳでフォローしているＡ氏が、ある本屋のイベントに出演するという情報を発信しているのを目にする。その一週間後に、Ａ氏とは別の関心でフォローしていたＢ氏も、その本屋でイベントを開催するという情報が流れてくる。すると、Ａ氏もＢ氏もイベントをするというその本屋の名前は特別なものとして、その人の記憶に強く残る。もしそれら二つのイベントに行かないとしても、いつか行ってみたい店として、認識してもらうことができる。

　またイベントは、最初の来店のきっかけになりやすい。上階や地下、路地裏にあったり、駅から遠かったりするような店である場合、通りすがりの人には入りにくいと感じさせることも多い。イベントで一度でも来てもらうことができれば、次回からの入店のハードルはぐっと下がる。本の品揃えを気に入ってもらうことができれば、次はイベント以外の機会でも、近くに来たときにふらっと寄ってみよう、と思ってもらうことができる。

　イベントの開催を考えるにあたって、無料か有料かというのは、前提となる考え方が違ってくる、ひとつの大きなポイントだ。無料にする場合は、イベント自体は情報発信や集客を目的にした、プロモーションであると割り切って考えることになる。一方、有料にする場合は、どれだけ少額であっても、お金を取る以上、イベント自体も本屋としての、ひとつの商品であるということになる。あるいはその中間に、イベント自体ではお金は取らないが、本を買うことやドリンクを注文することなどを参加条件にするようなやり方もある。

　また、イベントの内容を二次的に使用することもできる。生放送や録画などを映像として配信したり、テキストを書き起こしてウェブサイトの記事にしたり、本として出版したりすることも可能だ。それぞれをまた、プロモーションと考え無料にすることも、商品として有料にすることもできる。イベントは本屋の商品として有料で開催するが、そのレポート記事は本のプロモーションとして後日、ウェブメディアで無料で読めるようにするという組み合わせもあれば、イベントはプロモーション及び収録の機会と捉えて無料で開催し、後日その内容を本として出版することで収益化するという組み合わせもある。様々なバリエーションが考えられるはずだ。著者や編集者と相談しながら、そのイベントをどのような目的で、どのようなものにしたいかを、きちんと考えてから進めたほうがよい。

「本屋B&B」の場合は、平日は毎日、土日は昼と夜の二回、イベントを開催している。無料のものもあるが、ほとんどは有料だ。基本は二時間で、前売のチケットは一五〇〇円+ワンドリンク。二次的なものはケースバイケースだが、取材が入って後日レポート記事として掲載されることは多い。生の体験を重視しているため、映像の有料配信などは行っていない。

お金を払ってもらう価値のある内容にしなければならないので、本の刊行記念であっても、ただ本の中身を紹介するようなイベントではない。対談相手や聞き手を誰にするか、どんなテーマで話してもらうか、広がりが出るようにひとつずつ考える。担当するスタッフは、いわばイベントの編集者だ。この店でその日一度限りのイベントが、特別な時間になるように考え、当日まで導いていくのが仕事になる。告知とチケット販売を開始し、集客のために宣伝し、設営や受付など当日のオペレーションまでを考えるのは、けっして楽ではない。

けれど、本屋であるからこそやりやすい点もある。それは、年間に八万点の新刊が出ていることだ。一日に二〇〇～三〇〇点のそれらが、すべて企画の素となる。この本でイベントをしたいという本を見つけて、出版社と著者とに打診する。そのとき、こちらが本屋であることは強みだ。本に囲まれた空間を持っていて、そこで読者と直接、本を通じた交流ができる。こちら側も経験を積めば積むほど、どうしたら自店のイベントで本が売れるか、著者や読者に喜んでもらえるかがわかるようになる。それは、他のイベントスペースにはできない、本屋ならではの積み重ねになる。品揃えや企画を気に入ってもらうことができれば、編集者も著者も、また次もこの本屋でイベントをやりたいと感じてくれるようになる。

最後に触れておかねばならないのは、東京とそれ以外の地方との違いだ。著者の多くは東京に住んでおり、出版社も多くは東京に本社を構えている。遠方から著者を招くとなると当然、交通費と宿泊費がかかることになるため、この点においては、東京の本屋には大きなアドバンテージがある。地方で頻繁にイベントを開催しようという場合は、必ずしも著者を招くことにこだわらずに、さまざまなバリエーションを試してみるのがよい。実際に長野県上田市の「NABO」では、地方であるにもかかわらず毎日イベントを開催している。どんな地方にも、才能ある人たち、何かやりたい人たちはたくさんいる。近くの大学で教えている先生や地元のアーティスト、何かしら専門を持っている様々な人を巻き込みながら、レクチャーやワークショップ、ライブなどを開催していく。同時に、地方でのイベントに積極的な著者や出版社をうまく巻き込んで、たまたま近くに訪れる機会を狙うなどしてコストを下げつつ、楽しんで出演してもらえる方法を考えていくのがよいだろう。

本屋×教室

本屋に人が集まり、その時間を共有するコンテンツは、必ずしも一日限りのイベントだけではない。よく見られるのは、学校の教室のように、一定期間にわたって同じメンバーが集まり、連続で行うものだ。それらはイベントとは少し違った考え方でつくられる。

まず、連続で長時間行うため、より学びとして体系化したものを提供しやすい。ひとりの講師が連続して教える形だけでなく、ひとりのモデレーターが毎回異なるゲストを招くような形もある。イベント同様、本屋で開催するメリットを生かすには、本の著者を講師に招くなど、本と関係がある形を取るほうがよい。一冊の本を中心に据えて徹底的に読み解くのもよいし、毎回異なる課題図書があるのもよいだろう。

また、ギャラリーやイベントにはない、店にとっての大きな価値は、特定のメンバーが連続して参加することで、そこにコミュニティが生まれることだ。顔を合わせるうち、学校におけるクラスメイトのように、少しずつ会話が生まれてくる。また一方的な講義ではなく対話形式にしたり、課題を出して発表するような形式にしたりすれば、講義中にもコミュニケーションが生まれる。開講中の学びを深くするのはもちろんだが、教室が終了してもそのまま継続する濃いコミュニティに育てば、それは受講生にとっては学び続けるモチベーションになる。

よい教室が行われていれば、受講生はその本屋で過ごした時間の記憶と、空間に対する帰属意識のような特別な感情を持ってくれるようになる。また、彼らが自発的に集うときの場所となったり、個々の受講生が顔の見える常連客として定期的に訪れてくれるようになったりもする。本屋として店主や店員自身もそのコミュニティの輪に加わることができれば、なおその可能性は上がるだろう。ＳＮＳでグループをつくることを促すのもよい。

これから小さな本屋を運営していくにあたり、独自のコミュニティを持つことは強みになる。積極的に教室を開講していくのは、それを生み出すひとつの方法だろう。一方で、本屋はひとりになれる静かな空間であり、話しかけられずにじっくりと本を選べることに価値を見出す客も多い。常連客だらけの飲み屋に特有の入りにくさがあるように、本屋もあまりに濃いコミュニティや積極的なコミュニケーションが見えてしまうと、入りにくいと感じる客もいる。自分の店に合っていると思えるバランスをつくっていきたい。

本屋という空間を生かして、体系的な学びと、心地よいコミュニティを生み出すことができれば、参加者にとっても店にとっても、その教室の価値は高いといえる。もちろん内容にもよるし、そのぶん手をかける必要があるが、全何回で何万円といったような、イベントよりも高い単価の受講料を取ることもでき、それ自体が本屋の経営にも大きな助けとなってくれる。

本屋×読書会

近年、読書会が多く開催されるようになった。ＳＮＳ以降、ごく狭い同じ趣味をもった人同士が繋がり、情報を共有し合うことがしやすくなったことが、その盛り上がりの背景にあるといえるだろう。カフェの一角など、どんな場所でも気軽に自発的に行えることも魅力だが、本屋が主催して本屋で行われることも多い。

　読書会の基本の形は、ある特定の本を事前に読んできた人たち同士が、その本について語り合うことだ。そのほか、より参加ハードルの低いものとして、自分が読んで面白かった本を紹介し合う会や、これから読みたいと思っている本について語る会、集まったその場で同時に読む会など、さまざまな形のものが行われている。

　イベントにはゲストが、教室には講師が必要であることに比べ、読書会は本を決めて呼びかけるだけで開催できる。より気軽にはじめられるのが、読書会のよいところだ。

　そのぶん、読書会の時間が実のあるものになるかどうかは、はじめてみるまで未知数だ。もちろん参加者も重要だが、その場を仕切るファシリテーターの役割が大きい。参加者にまんべんなく話をしてもらいながら深い議論に導いていくのは、いきなり誰でもできるようなことではない。最初はだれか慣れた人にお願いするのもよいし、慣れないことを承知で友人知人が中心の小さな会としてはじめ、店主自らが試みるのもよい。

　本ごとに単発で告知して異なるメンバーが集まる形も、固定のメンバーで連続して複数の本を読み続ける形も、どちらもあり得る。前者はイベントに、後者は教室により近いスタイルになるため、それぞれと近いメリットがある。

　ただしどちらの場合も、あまり人数が多いと深い話をするのが難しいことや、著者が来る場合以外は付加価値をつけるのが難しいことなどから、主な収益源とするのはハードルが高い。有料にするとしても、収入源としてはあくまでサブ的なものと考えておき、本屋としての宣伝や、小さなコミュニティをつくったりすることを目的とするのがよいだろう。

　韓国・ソウルには「BOOKTIQUE（ブックティーク）」という、読書会専門の本屋もある。業態としてはブックカフェに近く、左右の壁二面に本棚があり、入り口から中央にかけて広々とした平台がある。ひとつの平台に、読書会の対象書籍が並ぶ。それ以外のスペースは飲食の席だ。そして奥にガラス張りの部屋があり、そこで毎日のように読書会が行われている。かつては四室に分かれていたが、いまはひとつの読書会当たりの参加者が増えたことや、ギャラリーとしても使えるようにという目的もあって、改装され一室につなげられた。読書会のファシリテーターはスタッフがつとめる。

　読書会は、本を読むことと直接的につながっているため、そこで生まれるコミュニティは、イベントや教室でできるもの以上に、本屋そのものに直結しやすい。読書会の対象にどんな本を選ぶかということは、その本屋のスタンスを示し、ファンを増やすことにもつながっていくはずだ。

本屋×雑貨

　イベントや教室、読書会など、ここまでしばらく書いてきたものには形がなく、それらは本棚や平台に並べることはできない。けれどもちろん、本屋に並べることができるのは、いわゆる本だけではない。あらゆるものを扱うことが可能だ。

　一般的な新刊書店において、長らく併設されてきたものは文具だ。レジ横に少しのボールペンが並んでいることもあれば、店の半分が文具売り場になっているようなところもある。また、手帳やカレンダーは、定番ともいえる季節商材だ。店の外に飲み物の自動販売機があったり、レジ近くで飴やガム、タバコなどが売っていたりするのも、昔ながらのよくあるスタイルといえるだろう。とくに他に小売店の少ない地域であれば、そこに洗剤や缶詰など、需要に応じて様々な日用品が追加されて、その街の総合小売店のような立ち位置になっている本屋もある。

　本と一緒に並べられるそれらのものを、文具も食品もあらゆる日用品も含めて、本書では雑貨とよぶ。雑貨は近年、必ずしも前述のように地域の需要に応じる形だけではなく、積極的な提案として、本の横に並べて売られるようになった。それらは大抵、本よりも利益率がよいということも、導入の背景にある。それらの雑貨は、ある本に描かれている対象そのものであったり、ある本を使って何か実践するときに必要な道具であったり、何らかの形でその本と関連している。

主として本が並ぶ中にひとつの雑貨があれば、それが異物として目を引く入り口となり、売り場に立体感を出すことができる。どんな本の隣でも、関連性を無理やりであってもひねり出せば、置くべき雑貨は無数にみつかる。たとえば本書『これからの本屋読本』であれば、本屋の絵が描かれたポストカードを売ってもよいし、本屋で使うエプロンなどの道具を売ってもよい。特徴的な装丁に似た形をしたオブジェを売っても、似たカラーリングのポーチを売っても、何でもよい。もっと何の関係性もなくてもよいかもしれない。けれどそこに何らかの文脈があれば、本屋として棚を眺めている客に、面白い品揃えの店だと感じてもらえる。せっかく無数の可能性があるのだから、その店なりのアイテムを見つけて展開したい。

一方、主として雑貨が並ぶ中に少しの本があれば、本は雑貨をことばで説明するような役割を果たすことができる。たとえばタイ料理向けのキッチン雑貨があるとして、それをただ並べて展開してもタイ料理に必要なものだということはわかりにくい。しかし、そこにタイ料理のレシピ本が一緒に並んでいさえすれば一目瞭然だ。もちろんタイ料理向けである旨のPOPを書いてもよいが、本であればよりスマートに、商品だけに語らせることができる。さらにそこにタイの文化や歴史についての本、タイでの暮らしを描いた小説などがあれば、ただ料理して食事するだけではなく、それを通じてより深い体験をすることの可能性を示すことができる。

また、ここまで述べてきたのが一冊の本やそのジャンルと関係する雑貨だとすれば、読書という行為そのものに関係する雑貨もある。しおりや文庫本のブックカバー、本を運ぶためのトートバッグなどだ。広義には、ペンやノートといった文具全般も、そのような雑貨だといえるだろう。どんな本屋とも相性がよく、置く場所を選ばない。

そうした雑貨を本屋オリジナルでつくるのもよい。海外、特にアメリカの本屋には、必ずと言っていいほど店オリジナルのトートバッグがある。わざわざ遠くから訪れる客や、言語が違う外国人の観光客などには、そこでしか買うことができないお土産的な商品として人気が出る。

また、必ずしも本と直接の関係がなくとも、地元のアーティストのギャラリー展示に合わせて、ポストカードやステッカー、ノートなどのグッズをつくるのもよい。つくる過程でアーティストと店との間に関係性が生まれ、それを中心によいコミュニティを生み出せる可能性がある。

あるいは、必ずしも地元でなくとも、自ら雑貨をつくって売っている個人には、各地のクラフトマーケットやインターネットを通じて、いくらでも出会うことができる。雑貨を扱うというと、雑貨メーカーのカタログを眺めたり、雑貨卸を探したりするところからはじめたくなる人も多いかもしれないが、手づくりの雑貨には、大きな市場を想定してつくられた雑貨とは違うよさがある。客にとっては他の店では見たことのない商品となり、その本屋の特色を示すことにもなる。

さらにいえば、いわゆる雑貨に限らず、缶詰でも野菜でも、共感できるものさえ見つければ、何でも扱えるのも本屋の魅力だ。そのとき大切なのは、なぜそれを自分の本屋で売るのか、その理由を説明できることだろう。当然だが、雑貨ならば何でも本よりも売れて、利益が出るということはあり得ない。他の雑貨店などで売れているからといって扱ってみても、本を買いに来ている客に雑貨を売るのは、それほど簡単なことではない。なぜこれを売るのか。せっかく本屋なのだから、できれば本にそれを代弁させることで、雑貨屋とは違う魅力を出して相乗効果を狙えるとよい。そういう組み合わせを生み出し続けることができれば、本だけでなく雑貨も面白い店、雑貨だけでなく本も面白い店として、ひろく認知してもらえるようになる。

本屋×家具

先に述べた雑貨は、本と一緒に、本棚や平台に並べることを前提にしていた。しかし考えてみれば、その本棚や平台など、店の什器や備品にあたるものにも値段をつけてしまい、販売することもできる。それを本項では家具と呼ぶ。

扱えるものは、本棚やテーブルのほかに、客が座るための椅子や、店内を照らすための照明などがある。またいわゆる家具以外にも、オーディオ機器やプロジェクター、レジスターなど、店の備品として使うものも同様に値段をつけることは可能だ。使用しているものをヴィンテージの一点ものとしてそのまま売ることもできるし、あくまで店内にあるものはサンプルとして新品を販売することもできる。特徴さえ出せれば、店内を彩る壁紙や塗料さえ売ってみてもよい。いわば本屋を、インテリアのショールームのように捉えることだ。

特に本棚は、本を入れて使うものだ。しかしいわゆるインテリアショップでは、そこに大量の本が詰め込まれてディスプレイされていることは少ない。本屋であれば、本を入れることで、自分が自宅で使用するときのイメージができる。かつ、インテリアショップにはそれほど多くの種類の本棚を置くわけにはいかないが、本屋であれば大量の本棚が必要だから、たくさんのバリエーションを見せることができる。そう考えると、買う側から見ても、本屋で本棚を売っているのは理にかなっているといえる。

「本屋Ｂ＆Ｂ」では、「KONTRAST（コントラスト）」という北欧家具店と提携して、ヴィンテージの本棚やテーブル、椅子などを販売している。一点ものであるということは、売れると入れ替えが発生するということであるから、作業としては大変だ。しかし一方、それにはよいところもあって、それは本棚が売れることで、店の空間に変化が生まれることだ。什器がひとつ入れ替わると、雰囲気ががらっと変わる。また、売れた棚に入っていた本を出して、新しい棚にもう一度詰め直す作業をすることで、本のほうも見え方が変わる。不思議なもので、まったく同じ本を入れ替えたとしても、棚が代わるとそれまでとは違う本が売れるようになったりする。本屋としての鮮度を保つという意味でも、本棚を売るのはよいことだ。

本屋×サービス

本屋ではイベントや教室、読書会などに限らず、実はあらゆる形のないものを扱うことができる。本屋にはあらゆる本があるので、本屋の空間の中で、あらゆるサービスを隣接させることができる。

たとえば、美容の本のコーナーの横にエステがあってもよいし、旅の本の近くに旅行代理店があってもよい。人生設計の本の横に保険屋があっても、占い館があってもよい。特に、店主が前職などで何らかのそうした専門性を既に持っている場合、単価や利益率も本とは大幅に違ってくるため、そうしたサービスを積極的に組み合わせることで、本屋を成立させやすくなる。

また、雑貨の場合と同様に、読書という行為そのものと関連するサービスも考えられる。たとえば選書だ。近隣の図書館や大学の先生などに対して、注文を受けた本を届けるだけでなく、必要そうな本を選んで勧めるようなことは、これまでの新刊書店もやってきたが、それらは無償のサービスとして提供されてきた。しかし近年では選書それ自体でフィーを取り、小さな本の売場やライブラリーの選書や管理を行うような仕事も生まれている。

他にも、本を毎月届けるブッククラブ的なものや、読書のためのアプリ、本の管理のための倉庫など、本や読書にまつわるあらゆるサービスを、本屋として開発する余地がまだまだ残されていると感じる。

本屋×メディア

どうせ本屋をやるのであれば、本の製作から販売まで行いたい。そのような考えは珍しいことではなく、一九一三年創業の岩波書店は当初は古本屋であったし、大手書店チェーンである紀伊國屋書店や三省堂、丸善なども昔から本をつくっている。東京・渋谷の新刊書店である「SHIBUYA PUBLISHING & BOOKSELLERS（SPBS）」は、当初からその名に出版を掲げている。

小さな本屋であっても、出版の可能性はたくさん転がっている。店主自身もいろいろなことに関心を持ちながら店をつくっているので、自ずと知識や情報も増えていく。本を触っているうちに、自分であればこの本はもう少しこうしたいとか、このような本はなぜ出ていないのだろうかとか、本自体に向かう思いも生まれてくる。あるいはきちんとした単行本でなくとも、イベントで話した内容やギャラリーで行った展示を、小冊子的なものとして編集して販売したくなることもあるはずだ。もちろん、ISBNを取って出版社として本格的に活動してもよいが、リアルの本屋が主であれば、まずは小さな形からスタートしたほうがよいかもしれない。どういう本をつくるかによって、自分の店のアイデンティティを示すこともできる。自店だけで売り切れない場合は、共感する他の書店にも声をかけて、直接取り扱ってもらえばよい。

あるいはウェブメディアをやることもできる。そもそもSNSをやるのであれば、すべての本屋がインターネット上で発信をすることになる。加えて自店のサイト上に、オリジナルのウェブメディアをつくれば、よりストック的な情報発信もできる。特にギャラリーやイベント、教室や読書会など、独自のコンテンツやコミュニティを持っていれば、それらはウェブ上でオリジナルのコンテンツになる。イベントや読書会のレポートを掲載することや、作品のオンライン展示をすることもできるし、教室の受講生の成果発表の場にすることもできる。もちろん本格的にはじめようと思えばコストがかかるが、アクセスが増えれば店の宣伝になることはもちろん、広告を掲載したり商品を販売したり、別の有料コンテンツをつくったりすることで、収益化を目指すこともできる。

とはいえ、紙であれウェブであれ、メディアを収益化するのは簡単なことではない。本を出している出版社や、ウェブメディアを運営している企業のことを思い浮かべて、それだけを真剣にビジネスとしてやっている人と同じ土俵で戦えるか、あるいは全然別の土俵があるかを考えてみるのがよい。リアルの本屋という接点を持っていることは強みで、そうした意味ではまだ紙のほうが、たくさんの在庫を抱えても少しずつでも直接売っていくことができるぶん、やりやすいかもしれない。

その意味では、全方位的な品揃えの本屋よりも、特定の濃いコミュニティを持っている本屋や、専門書店のほうに強みがあるかもしれない。小さな規模でやる場合、一冊の本やひとつのウェブメディアは、ある程度ターゲットが絞れているほうがやりやすいからだ。たとえば犬の本の専門書店であれば、犬に関する雑誌やウェブメディアを立ち上げて、犬に関する記事を載せたり、犬のグッズを通販したりする。客のコミュニティが最初から犬好きに限定されているから、自発的にメディアの運営を手伝ったり、コンテンツを掲載したいという人も集まりやすい。読者のターゲットが絞れているぶん、広告の効果も出やすい。店が小さくても、客にとって家から遠くても、空間的な制限がないぶん、専門特化した本屋を中心としたコミュニティのひとつの自主的な活動として、相対的に広がりを持ちやすいといえるだろう。

逆に、メディアとしての力を既に持っている人が、本屋をはじめるケースも面白い。日本では芸能人が店をやるというと大半が飲食店であるが、たとえば韓国のソウルには、有名な本好きのアナウンサーがやっているブックカフェなどがある。彼ら彼女らはSNSで大きな影響力があり、実際にテレビなどのメディアに出る機会もあるので、そこで紹介した本が大きく動く。当然、彼らの店でもその本を売る。忙しい中でもたまには店頭に立ち、ファンも店に訪れる。店主自身の持つメディアとしての力を上手く本屋に生かすことで、ふだんは本屋に行かない層の人たちにも、本を届けることができる。

本屋×空間

本に対する強い愛情とこだわりを持ちながら、より本屋としての魅力を増すための掛け算を行いつつ、本を並べる。本が大量に並んでいるだけの空間であっても一定の魅力があるが、さらにその品揃えが素晴らしく、家具や備品にもこだわりがあれば、その空間としての魅力は一層増す。そのような空間には、空間そのものに対するニーズが生まれる。

最もよくあるケースは、撮影場所として一定の時間、その空間ごと借りたいというものだ。雑誌のファッションページなどの写真撮影はもちろん、CMや映画、ドラマなど映像の撮影にも使われる。また、新商品発表パーティのために借りたい、記者会見のために借りたい、あるいは個人的なサプライズのために借りたいといったものまで、魅力ある空間をつくれば、さまざまな問い合わせがある。いわば、特殊な撮影スタジオのような形だ。

もちろん、営業時間内に場所を貸してしまうと、その時間は営業ができなくなるので、どういったものに対していくらで貸すか、という判断は大切だ。開店前しか貸さないと決めることもできる。あるいは開店前であれば一時間あたりいくら、通常営業時であればいくらというようなメニューを用意しておき、内容によって選ぶようなやり方でもよい。

実際に、スタジオを主とした空間もある。東京の港区西麻布の「NOEMA images STUDIO」は、作家の鹿島茂(かしましげる)氏の蔵書を所蔵した「書斎スタジオ」だ。一九世紀フランスの革装丁本が中心で、貴重な蔵書がずらりと並んだ空間で撮影ができる。

あるいは一時的な場所貸しではなく、本屋に隣接した一角を占有させる形で貸す、という形もある。たとえば前述の「SPBS」は、奥が出版社のオフィスになっていると同時に、デスク単位でシェアオフィスとしても機能している。本屋の奥に自分のオフィスがあれば、本屋全体が資料であり、アイデアの種になる。

あるいは、住宅にするというのもあり得るだろう。まるで本屋に住むような生活ができたら、と夢みる人は少なくないはずだ。集合住宅の一階のひと部屋が本屋で、他の部屋が住居であるというような物件なら、住んでみたい人も多いのではないだろうか。

また、他の小売やサービス業などにテナントとして貸すという形は、特に最近の大型書店において実践されている。台湾の「誠品書店」や日本の「蔦屋書店」などが代表的で、中心や最上階に本屋をつくり、その周辺や下層階を他の業態にテナントとして貸したり、自ら本屋とは別の業態を運営したりする。本屋に集客力があれば他のテナントにも客が流れることになるし、全体として魅力ある商業施設のようにすることができれば、相乗効果が出る。

オフィスにしても住宅にしても商業テナントにしても、本屋としてその空間全体の魅力を高めながら運営することで、家賃という形の収入を得ることができれば、より安定的な経営を行うことができる。

Talk 本屋として生きるということ

香川・高松で「本屋ルヌガンガ」を営んでいる中村勇亮氏。ぼくが開講している「これからの本屋講座」の卒業生でもある。受講した後、継続的に開店までのサポートをしてほしいということで、協力することにした。

中村氏は当時、まだ名古屋で商社に勤めていたが、ご本人も夫人も本が好きで、過去に書店に勤めた経験もあった。また、中村氏の実家である高松に、所有されている店舗物件があったことも好条件だった。そこに夫人と二人で、小さい本屋を開くことにした。

サポートの一環として、運営モデルや規模などの面で最も参考になりそうな、誠光社の堀部篤史氏にお話を伺いにいくことにした。この鼎談はそのときの記録である。

この後、中村氏は無事「本屋ルヌガンガ」をオープンし、現在も高松で営業を続けている。

中村勇亮（なかむら・ゆうすけ）

一九八二年生まれ。信州大学人文学部卒業。新刊書店で三年勤務した後、商社に勤務。退職後の二〇一七年八月、香川県高松市に本屋ルヌガンガをオープン。

堀部篤史（ほりべ・あつし）

一九七一年生まれ。立命館大学文学部卒業。学生時代より編集執筆、イベント運営に携わりながら恵文社一乗寺店に勤務。二〇〇四年、店長就任。商品構成からイベント企画、店舗運営までを手がける。退職後の二〇一五年一一月、京都・河原町丸太町に誠光社をオープン。

事業計画書

中村 さっそく、事業計画書を見ていただけますか。前半部分は今、街の本屋のビジネスモデルが難しい中で、本に出会う機会が減っていることに対して、自分が取り組んでいきたいことを書きました。

　後半のビジネスモデルの部分には、ドリンクやイベントを組み合わせて、本の利益率の低さをカバーしたいと考えていることを書きました。また、本は直取引（ちょくとりひき）で仕入れて少しでも利益率を上げることで、営業は家族だけでやっていきたいです。サイズ感は、六〇〇〇冊ぐらいでセレクトして、ここでしか買えない本も入れていきたい、ということが書いてあります。

　立地は高松の中心部から少し離れた路地の中で、二五坪ぐらいの物件です。もともとはＣＤ・レコード屋さんが入っていたんですが、一〇年ぐらい前に撤退して、そのあとは何も入っていません。街の中心部には本屋さんはいくつかありますが、そういった本屋さんとは違うかたちを目指していきます。

内沼 近くに「ソレイユ」というミニシアター系の映画館があります。お店は一本細い路地に入ったところで、その道にはあまり何もないんですが、人通りのある商店街と並行していて、アクセスは悪くないです。

中村 その他にも、読書会に力を入れてやっていきたいということ、多少は、観光で来る方もターゲットにしたいということを書きました。イベントもやっていこうと思っています。あとはアイデアレベルですが、店舗を核として、近くの美容室や喫茶店に外商をしていきたいです。予算として最大で一五〇〇万円は使えます。内外装でかなりかかるとは思いますが。

堀部 大手取次との契約は考えていらっしゃらないのですね。

中村　そうですね。あと、事業の見通しですが、月に一五〇万円を売り上げればやっていけるかなと思っています。売上の構成比は書籍が六割、イベント・ドリンク・雑貨で残りを少しずつ補うかたちで考えています。

堀部　家賃がいらないんですね。借金は、見込みの利益から返済する予定ですか？

中村　今のところは、借金はしない予定です。自己資金で一五〇〇万円あります。

堀部　すごいですね。家賃がいらなくて一五〇〇万円あるなら、リスクは低いと感じます。初期費用はあと少し抑えられそうですね。誠光社も一五〇〇万円はかからなかったので。

内沼　なるべく最初の運転資金に残しておいたほうが良いというのはありますね。

中村　あと、クラウドファンディングでお金を集めることも検討しています。

堀部　これだけちゃんと考えられているので、自分のやり方でされるという意味では新鮮だし楽しみです。僕のときはこんな資料は作っていないので。

誠光社を続けて感じたこと

内沼　堀部さんのところに、お店の開業の相談はあるんですか？

堀部　ここまでちゃんとしているのはないですね。僕もこういう事業計画を見て答えられる頭の構造をしていないんです。もちろん数字にしたら説得力もあるし納得できるんだけど。

　僕の場合は、誠光社を一年やってきて、一日の売上平均は七万円です。店舗の売上に、通販やイベントや外商などを合わせれば、三〇〇万円弱。利益率三割として、月の粗利が九〇万。それで家賃一五万円を払って、人件費はほぼ発生しないので、公庫の返済や経費にあてています。これぐらいの感じではやっていけています。でも、店舗の売上はギリギリそれぐらいですね。今の店の坪数（一八坪）だと、一日七万円を保つのも結構大変です。それも、わりと観光客の方も来て下さった上での話ですからね。

でも、今の店を始めてみて「お客さんが多い」というのは、売上にあんまり関係ないと感じています。買わない人も多いし、買う人はまとめて買って下さいます。それでも、人がたくさん来る京都の立地というアドバンテージはあると思います。

なので、中村さんのプランにある店舗だけの売上で月一五〇万円というのは、坪数や商品点数を考えると難しいかなと思います。一番簡単なのは、坪数を大きくして商品点数も多くすることです。それで相対的に売上は上がっていくんですよ。普通は広いほど家賃も高いし人件費もかかるんですけど、地の利を活かして家賃が無くて人件費もこの状態が実現可能なら、在庫を多くしていけば見込みに近づいていくと思います。

実際に僕がやってみて思うのは、数字というよりも価値観というか生き方の問題ですね。例えば「いい車を買って家も買いたい」と思われているなら、結構きついと思います。でも、僕はもともと「ビジネス」の考え方でやってないんです。生き方として自分の好きなもの、本を扱ったりとか、知り合いの作るものを紹介できたりとか、自分の研究していることを発表できたりとか、それらをするために商売を組み立てているんですね。まず数字ありきではないので、僕は現状で十分だと思っています。結果として手許に残る金額自体は同じでも、考え方次第で全然違うんですよね。

でも、京都と同じで高松はやりやすいと思いますよ。東京だとコストも高いし、同じ場所に違う

誠光社の外観

階層の人が多く住んでいるから、細分化された店が多くあるでしょう。地方だとそういうのに惑わされにくいです。個人的に生活上、一番大事なのは人付き合いです。近しい仕事をする仲間と同じレベルで同じ店で飲めて、ちょっと遊びに行きたいときに気遣いせずに同じぐらいの経済感を持った人と付き合える。これが一番ストレスは少ないんですよね。

数字よりも、生き方としてお店を始める

堀部　なので、数字の目標というよりも、どういう生き方をするか。数字は結果にすぎないんです。ビジネスとしてはこういう資料を作るのが当然ですが、僕は作りませんでした。この数字の通りにならなくても我慢できるか、どれぐらい続けられるか、やっている状態にストレスがないか、ということを重視しています。

　僕なら店を始める際、収益計算の前にソフト面の話をします。それは、価値観としてどんな感じ

のお店にしたいのか、品揃えはどうしたいかということです。結局一年やって、僕、ほとんどお金貯まってないんです。出版社としても本を五冊出しているんですが、お金ぎりぎりまでアイデアが出てきて、やりたくてやっちゃうんですよね。

でも、それで満足というか、それが財産になっています。確かに、出した本がある程度売れると収入になるんだけど、それは次に何かやるときの余裕として、もっと工夫して面白いことをやりたい、と考える。だからお金は貯まらないんだけど、そのことが結果的に人を呼び込むことになったりするんです。

中村さんのプランが間違っているというわけじゃなくて、僕の場合はお店の中身を発信していって、イベントもやって本も作って最終的にこの数字になったということです。なので、中身ありきというか、スピリットありきなんです。精神論に近いんですけど、本屋の仕事は、これからはビジネスモデルありきで始めるのではなくて、そういう生き方がしたい、そういうものが好きだからやる、という人でないとお勧めはしません。

最近の若い人にも古本屋になりたい、古本屋という商売にあこがれていて、これからいろいろ勉強してから店をやります、という人が僕のところにも来ますけど、そういう人はあまりやらないほうがいいと思います。売るほどの蔵書を持っているのか、それのどこが好きなのか、どういう本を持っているのかとか、そういうことを聞く。これから勉強してもだめで、いまそういうものがなければ、いくらいい条件で、お金があるとしても、やらないほうがいいと思うんです。

イベントをやる時も、古本屋の在庫の話と一緒で、自分にストックとか蓄積とか人脈がなければイベントもできないですよね。B&Bさんは東京という地の利があるので、交通費もなくゲストを呼べますけど、京都や高松でやるということになると、まずは自分のコネクションを使うことになる。イベントは本の仕入のようにはいかなくて、関係性のないままゲストとしてお招きすることになると、ビジネスであり、利害関係になってしまう。でも、お互いに知り合いで、中身の部分でつながっていれば、結果がどうであれ、しんどくないんですよ。そのほうがなぜこの店でこのイベントをやるかという説明もしやすいし、向こうもこの店でやるということに意味を見出してくれる。

　なので、僕のやり方はどこまでいっても、先に中身がありきなんです。中村さんは本屋に勤められていたキャリアはあるんですか？

中村　三年ぐらい名古屋にある郊外型の大型書店で、店のマネジメントをしていました。でも、マネジメント中心でしたので、棚作りの経験は乏しいです。

堀部　数字の世界でうまくいっていても、コンセプトが機能しないことは結構あると思うんです。信頼もそう。「この人、無名だけど、面白いからうちでもやろう」っていう情緒面でつながるとか、そういうことが遠回りでお店のブランドになったりする。

　イベントに関しても、うちはそんなに儲けるつもりはなくて、本屋の広告のつもりでやっています。夫婦二人で打ち上げに行ったりしたら利益はほぼない。でも、作家さんとかと仲良くなれるし、次はこれを企画しましょうとか、そういう風につながっていくし、やっていると発信ができる。

　数字のなかにある、意味の世界がうまくいっていることが大事なんです。美意識というか価値観というか、数字で組み立てられないところが結構あるんですよね。

時間の積み重ねが、お店の財産になっていく

内沼　中村さんのスピリットの部分を何かしら見せられるといいですね。

中村　妻の趣味もありますが、普通の文系で、小説が好きで映画が好きで……。音楽はシンガーソングラ

イターのものが好きで、例えばレナード・コーエンとか。映画もいろいろ好きですが、特にクラシカル・ハリウッド・シネマと言われるものが好きです。

堀部 まだ映画をスタジオで撮っていたころのものですよね。

中村 そうです。幸福感にあふれている感じが好きですね。映画や音楽もそうですが、批評も好きで、例えば永江朗さんの『批評の事情』という本がありますが、そこに載っているような評論家たちの本が好きです。

　あと、小説は広く読みますが、一番よく読むのはイギリス文学です。器や家具、陶芸なども好きなので、そういうテイストも出していけたらと思っています。こういったものを組み合わせた感じの店をやりたい。暮らし系というか、ほっこりした部分もありつつ、それだけじゃないんだぞ、という無骨さも持ち合わせた店にしていきたいです。

堀部 趣味がいいというか、バランスが取れていて、高松でもこういうものを求める向きはあると思います。ただ、やっぱり本以外で置こうとされているものも、セレクトが大事じゃないですか。本とそれらをどう組み合わせるかでしょうね。

　セレクトは飽和状態というか、セレクトで何かを見せていくというのはだいたいどこもやっているんですよね。なんとなくヒエラルキーみたいなのができてきて、「これはいいもの」という共通項ができてくると途端につまらなくなるんです。中村さんが先ほど挙げられたものは申し分ないと思いつつも、それは資本があってプロデューサーがついたりすれば、中村さんでなくても出来てしまうかもしれない。

　なので、そういった洗練されたものよりも、これまでの中村さんの積み重ねてきたものとか、高松に住んできた土地の縁とかが、そこにしかない面白い店になった結果、わざわざ人の足を向かわせるようになるのかなと思います。やっぱり時間を積み重ねたものが見たいですね。

中村 実家は香川なんですが、大学からずっと出てしまっているので、今のところ香川には人脈もほとんどなくて。もちろん棚を作る能力もほぼゼロのところから始めなければいけないので……。

堀部 でもそれだったら、これからやるお店を続けていって、それをキャリアとしていけばいいじゃないですか。作った時点で完成と思わないことが一番大事ですよ。すぐに結果を求めるのではなくて、全然反応がなくても続けられるようなモチベーションとか、努力するのが楽しいとか、好きなものがどんどん更新されていくとか、そういったことが一番だと思うんですよね。

長く続けて、自分ならではの時間の積み重ねが、お店の中身になっていくと絶対に面白い。いきなり最初から面白い店って、だいたい店主が変わった趣味をしているとか、色んなことが好きな人がやっている場合です。中村さんの場合は割とフラットな感じだと思うので、何が何でも続けるということで、それが生業(なりわい)になるのではないでしょうか。

お客さんとの付き合い方

中村 具体的なお話で、お客さんの男女比率や、外から来ている人とリピーターの比率は、どういった感じですか?

堀部 買う人は年配の人が多いです。観光の人にも二種類いて、観光スポットの一つとして来る人はまず買わない。ただ、わざわざ本を買いに遠くから来る人はいて、そういう人はすぐわかりますし、客単価は比較的高いと思います。京都だから学生は多いけど、彼らはほとんど買いませんね。

誠光社の店舗の月二一〇万円という売上は、ほとんど大人のお客さん、わざわざ遠方から来てくれるお客さんに頼っています。店の近くを通っている人をメインのターゲットにしていたら結構厳しいかもしれないです。

あとは、一つのお店だけの力ではなくて、街の人の力もあります。「街」って抽象的な言葉を使いますけど、僕はそういうことだと思っていますね。京都が特殊なのは、狭いし山に囲まれているし、東京嫌いで、トレンドになびかないところがあるので、独自の文化が醸成されやすいところがある。その内部でちゃんと回転することが、文化の醸成になって、結果として外からお客さんを呼ぶことになっていると思うんです。

例えば、政治は一世代とか一票とかがすごく大きな意味を持ちますけど、文化は自分ひとりで何かができるものではないんですよね。何世代にもわたって時間をかけてやらないといけないことだから、何かを始めたからすぐに変わるとか、フィードバックがあるとかいうものではなくて、もっと気の長い話ですよね。

中村さんが本屋を始めて高松の文化が変わるとすると、お店ができて四、五年で変わるわけではないですよね。啓蒙し続けないといけないし、もしかしたら次の代になってから少しずつお店が多いエリアになっているかもしれない。他人に直接影響を与えることはできないけれども、そういうところで育った人って、場所に愛着があって、地元の文化的なものを吸収したからこそ、地元でできるかもと思えるものだと思うんですね。早急なリターンを求めたらダメで、長い目で見ないと、と思います。うちもようやく一年経ったけど、一周年で何かやるわけでもなく、何十年も続けることが大事だと思っています。

ウェブサイトの効用

中村 ウェブサイトでの販売もされていますけど、ウェブに載せる、載せないの基準はありますか？

本屋ルヌガンガの内観

堀部　少部数しか作られていないものなど、買いにくいものを多く載せています。でも、そういうものって限られているので、やっぱりバランスですよね。洋書ばかり出していると洋書専門店みたいになってしまうので、そうはなりたくないし。

　ウェブサイトは雑誌みたいな感じです。それを見て自分が面白いかどうか。ちょっとずつタグ付けしていって、このタグが異常に多いなと思ったら、別のこちらを増やそうという感じ。売れないけど、もうちょっと固めのものを出そうとか。売れるものをバンバン載せるという直接的なビジネスモデルからは迂回していて、売れなくてもバランスをつけるために、全体を見ているんです。

　ネットは検索してサイトにたどり着く人が多いので、検索したらそのサイトが出てくる、というのが一番近道になる。だから買いにくいものを載せるのは基本です。ただ、それだけを探しに来るお客さんよりも、本当は全体を見てくれるお客さんに向けて僕はやっている。検索したらこれが引っかかって何百件注文が入ったからそれでいい、というものじゃなくて、ウェブサイト自体も、お店のイメージをつくるもののひとつと考えています。

通販に関しては、点数が増えれば増えるほどまとめて買いやすくなって客単価は上がるので、伸びてきているんです。店舗は、最初がいちばん良くて、いまは少し落ち着いて、設定した通りの数字をなんとかキープしているところかな。

中村 **「売れるお店」ではなくて「いいお店」**
通販に限らずお店でも、どういった種類のものが売れるというのはありますか?

堀部 種類に傾向はないですね。例えば、イベントをやることが決まっていて、そのイベント情報で注目を集めているものが売れる一方で、もちろん誠光社のオリジナルのものを出したらそれが売れるというふうに、お客さんによって見ているレイヤーが違うので。

うちは意識してそういう風にしているんです。特定のジャンルだけが目立つような作りだと、他が背景になってしまうので。我慢して、売れなくても推し続けるものもある。その中で「うちのお客さんはこういう傾向があるな」というものがあれば、その棚が少し広がっていくことはある。お客さんとの綱引きですよね。

これは売れるなという本はやっぱりあって、しかも日々変わっていく。でも、それはずっと現場にいて定点観測している醍醐味というか、経験なんですよね。マーケティングではできないけれど、店番していたらすぐわかると思います。

ただ、あんまりそれに影響されすぎると、自分はこういうものが好きなのに全然違うものばかりが売れるということにもなりかねないので、変わりすぎるのもどうなのかと思っています。半分妥協して、譲(ゆず)れないところでは発信する。引っ張られつつもこちらも発信し続けるというのが「いいお店」の条件ですよね。

「売れるお店」ではなくて「いいお店」を作りたい、ということになってくるんですよ。「売れるお店」というのは数字の世界で、それを追うと、僕がやりたい世界ではなくなっていくので、どちらを目指すのかということですね。

そもそも、これから本屋では「売れるお店」というのは成立しないと思うんですね。「いいお店」でいて、なんとか続けていくのが、これからの本屋の誠実なあり方だと思います。売れるものを増やしていって、売れる本屋にしたところで、売っているものは複製品なんで、どこでもできるから、大手資本に対して勝ち目がない。好きなもの、変わったもの、関係あるものを置いてるから行きたくなる、という個性が出ているお店か、超巨大資本のお店かの、両極端な話になってしまうでしょうね。超巨大資本の本屋は、結局Amazonでしかなくて、そうなってくるとリアルのお店である必要もなくて、情報をただ検索すればいいということになる。

やってきたことの積み重ね

中村　堀部さんも開店時に五〇〇万円ぐらい借りていると聞きましたが、私も可能なら借りる事も検討しています。どうやったら借りられますか？　今のプランで金融機関の相談会に行ったら「厳しい」と言われて、そもそも一五〇万～二〇〇万円という売上が現実的かどうか、疑問に思われたようでした。

堀部　それは、中村さんの今の状態ではなくて、これまでの状態を見られているからだと思います。キャリアということですよね。何かを積み重ねるとか、続けているということは、ビジネス面でもすごく重視されるんだなとわかりました。僕は中村さんの資料のようなしっかりしたものは持って行ってないですけど、自分が書いた本や、掲載記事や、ウェブサイトなどを見てください、という形で行きました。

内沼 そういえば確かに中村さんの資料には、せっかく書店経験があるのに、そのことがあまり書かれていないですね。奥様もいま、書店で働かれているんですよね。

堀部 キャリアのことは書くといいと思いますよ。お二人ともそういうことを続けてきて、これからはこういうお店をやりたい、と。

直取引で本屋を始めるには

中村 誠光社のウェブサイトに直取引のパートナーのリストを挙げられていて、そこからさらに増えていると聞きましたが、どういったところが増えていますか？

堀部 直取引に関しては、単にウェブサイトを更新していないだけで、かなり増えてますよ。

中村 それは仕入れたい本があるごとに増えていくんですか？

堀部 そうですね。欲しい本があって、まとめて仕入れたい出版社です。たまに一、二冊注文するくらいだと、そういう申し出をしても向こうの期待に応えられないし、面倒な思いをさせてしまうというか、特別扱いしてもらうことになるので。それは嫌なんですよ。ちゃんと向こうにもメリットがあると感じてほしい。せめて一〇～二〇タイトルくらい欲しい本がある出版社には直取引で、それ以下の場合は利幅が少なくても中小の取次に頼むので、利益率三割を保つのは結構難しい。実際には二割八分ぐらいになっていると思います。ただ、六掛のリトルプレスも多いので、厳密にはわかりませんが。

　でも利幅が少ないからやめようということでは

なくて、やっぱり置きたい本は置きたい。本屋の棚を作るためには、やっぱり外せないんですよ。数字の中には色んな矛盾が混ざっていて、数字では損するけど気持ちとしては得だからやる、ということもあるし。数字の世界ではできないからこそ、その店の個性になるんですよ。儲からなくても好きだからやることって、よその人には真似できない。そういうことをどんどんやると人は引き込まれますよ。

資金作りの大変さ

中村 最初、初期在庫を揃えられた時、支払いを一年後にしてもらったと聞きましたが、最近契約した出版社さんとも、そのような契約を結んでいるのでしょうか？

堀部 いや、それは初回だけで、初回以外は全部買取でやっています。結果的には最初に棚に並べたものを半年後に買い取ったので、その時には正直、資金繰りがきつかったですよ。半年後に、筑摩書房や河出書房新社の本が売れているから全部買います、となるとある程度ガバッと請求が来る。今はようやくほぼ全部支払い終わりました。一年かけてゼロから財産を作ったわけです。

内沼 精算は少しずつやっていったんですか？

堀部 三か月ごとに、という感じだったんですが、半年後の時には筑摩書房・河出書房新社・平凡社なんかは九割が売れていて追加は買取でやっているような状態だったので、たとえ他のものが少し売れ残っていても、一年経った段階では全部買い取りました。ミニコミとかイベントで一時的に預かって、というのは返品したものが稀（まれ）にあるけど、一般の出版社さんから初期の棚作りのために仕入れて返品したものはゼロですね。

内沼 一回転はしただろうから、いったん精算しましょう、ということですね。

堀部　そうですね。これだけ売れたというのをリストで見て、未精算分は全部請求してください、というのをちょっとずつやっていきました。一年経った今では、委託で始めたものは全部支払っているということです。

一一月、一二月が忙しくなるので、筑摩書房と河出書房新社だけ、一〇月にもう一度委託で大きく仕入れさせてください、ということで二箱ずつ仕入れました。自分のところで本を二冊出して、その二冊だけで支払いが一二〇万〜一三〇万円あったので、今月お金はやばいけど本の補充はしないといけないということで、その二社だけ、そういうお願いをしてやらせていただきました。

内沼　一時的な資金の作り方というか。

堀部　本を一冊作るのって、中古の軽自動車一台買うぐらいのお金がかかりますし、それを年に五回やったんで。

内沼　だから、まとめてこのぐらい仕入れるから、今回は委託にしてくださいと個別に交渉したと。

堀部　それはちゃんと挨拶しに行きました。おかげさまで一年経ちました、今回はこれこれこういう理由で、お願いしますと。

委託に関しては最初から、一年で精算して「また委託でも良いですよ、むしろ委託でどうですか」みたいに言ってくれるところも多かった。ただ、ちょっとでも条件がいいなら買取の方がいい、ということで交渉を進めたんです。委託だけど返品する必要がないほど売っている実績が出てきたので、向こうも委託にすることに抵抗はなくなってきたということではないかなと。

もちろん本を五冊も作らなかったら、四〇〇万〜五〇〇万円ぐらい残っていたかもしれないけど、本を作っていたからこそ話題になったという側面もある。結局ずっと同じようなことをしていると思うんです。

お店の運営のしかた

中村　堀部さんはどのように奥さんと二人でお店を回されているんですか？

堀部　シフトとかは作ってないです。本当に相談。でもこれはタイプというか、性格だと思うんですよ。きっちりしてないと嫌とか。うちは幸いにして両方とも感覚的な人間なので、この日は入ったからこの日は休ませて、というような感じです。でも、基本的には僕が入っているのが前提なので、どちらかというと入ってほしい日にお願いしています。

　僕は外に働きに出ているわけではないので、それができる。店も奥さんの友達とか共通の友達が来るので、いてもプライベートに近い状態だったりもします。毎日誰かしら知り合いとか友達は来るので。イベントの時は基本二人でやります。もちろん一人の時もありますけど。

内沼　たまにバイトの人にお願いされていますよね。

堀部　火曜日に入ってもらっていて、それは今も継続しています。奥さんと二人で休みを取るためですね。

内沼　例えば火曜日は定休日にするという考え方もあると思うんですけど、本屋は毎日開いておくべき、みたいな考えでやられているんですか？

堀部　そうですね。それと、何らかの売上があるのであれば、開けようということです。アルバイトには一日八〇〇〇円払っているんですが、三割の利幅だと売上が三万円しかいかなければ、トントンですよね。利益はない。けれど支払いは毎月あるので、開いている日に三、四万の売上が入ってくるだけでも全然違うんですよ。売上が入らないと仕入れもできないので。利益が出なくても、本を回転させるほうがよいということです。

返品はしない

内沼 そこは誠光社の独自の考え方かもしれませんね。大きな取次と委託でやっているところでは、支払いが厳しければ返品で調整する、という考えになりそうです。

堀部 うちでは返品はしないですね。そもそも、支払いを返品で調整できるというのが異常なんですよ。それはおかしいことだと思わないと。本がお金に換算されてしまうわけでしょう。そうなると、本が固有の存在でなくなってしまうというか。

中村 返品をしないということで、日常的に本が汚れたりした時はどうするのでしょうか？

堀部 返品率が低ければ、最悪は処分してもいいし、古本屋に売りに行ってもいいと考えています。また、本は全て選んでいるので、売れない本はあっても、棚を作るうえで無駄な本ってないんですよ。全部意味があって仕入れているわけだから、文脈を作るために、売れなくても置いておく必要のある本は存在します。その本は劣化していくけれど、代わりに隣の本が売れる。それは、備品みたいに考えたらいいと思うんですよね。

直取引のメリット

内沼 出版社と直取引をする際に、なにか契約のフォーマットや基準はあるんですか？

堀部 七掛買取で、月末締め、支払は翌月が基本です。送料は各出版社さんで変わりますが、例えば最低限の注文部数があればお教えくださいという感じですね。掛率（かけりつ）と支払タームと送料に関して最初に取り決めをするだけです。あと、規模の大きいところでは覚書（おぼえがき）を交わすこともあります。覚書といっても、名前を書いてハンコ押してそれぞれが一部ずつ持っておく程度のものです。収入印紙が必要なところは少ないですね。

内沼　例えば、掛率を七〇％ではなく七五％にしてほしいと言われた時には、どうされていますか？

堀部　自分でお願いをしている段階で、どうしても店に置きたい本なので、七五％でも受け入れることはあります。逆に扱ってほしいというオファーも来るんですけど、置きたい本が少なくとも一〇タイトルあるかどうかを基準にしています。一〇タイトルないと出版社側も、それなりの金額にならないですから。

中村　最初に本を揃える時に、どうやって出版社にアプローチしていったんですか？

堀部　主要なところにはまずメールをして、アポを取って直接行きました。でも、いくつかの出版社と取引ができれば、あとは子どもの文化普及協会で何とかやっていけると思ってました。それで店の体裁を保って、発信を続けたら直取引への考え方は絶対変わってくるという確信があったんです。

それはやみくもな確信ではなくて、現に出版社側からそうなってきていますよね。ミシマ社さんや、夏葉社さんなど、小さい出版社が当たり前になってきて、小規模化していくのは目に見えている。恵文社時代も直取引はかなりやっていたし、いろいろ、ある程度は今までやってきたことの延長ですね。もちろん、ゼロからやることもたくさんあります。ずっとやり続けていれば経験になるし、スキルになると思うんですよ。

店にあるものを買ってほしい

内沼　お客さんからの注文は、どうしているんですか。

堀部　客注対応は、積極的には発信していません。注文があったらいろんなルート使って受けてますが、場合によってはAmazonで取り寄せて利益ゼロであっても売っています。時間もかかるので、受けることは可能だけど推奨はしてません。

　客注する、つまり欲しいものを買うなら誰にでもAmazonで取り寄せできるじゃないですか。なので、そこを柱にしてはダメだなと思っています。「本を探しに来るんじゃなくて、あるものを買って欲しい」という姿勢であり続けると、そういうお客さんが付いてきます。

　全部にいい顔しようとするとダメだし、そもそも自分の店の広さに収まるわけがないので、品揃えの良さを志向しだすと、単に資本とか面積の違いで決まりますね。そうすると、こちらには勝ち目がない。考え方を全く変えないといけないと思います。

「自宅兼店舗」という生き方

中村　開店してみて、「想定と違ったな」ということはありますか？

堀部　そうですね、経営上はイメージ通りです。家賃を抑えられるので一階を店、二階を住居にしてるんですが、店舗の二階に住むことが「もっとしんどいかな」「もっとストレス溜まるかな」とは思っていたんですが、意外なほどなかったですね。

中村　開店してみて、「これはもっと準備しておけばよかったな」ということはありますか？

堀部　あんまりないですけれど、収納スペースはどんどん欲しくなってきますね。在庫は基本持たないように考えているんですけど、居住スペースに在庫がたくさん置いてあります。それこそ不良在庫みたいなものもありますが、棚に入れてみて売れないから下げたわけではなくて、出し切れないからストックとして置いてあるとか。

内沼 店の上に住んでいることは、生活ともフィットしていますか？

堀部 そうですね、なんにせよ楽ですね。一人で店番していても釘付けされていないというか。私生活と地続きなので気が楽です。二人いたら休憩もできますし。通勤している感じがないので、早く帰りたいな、とも思わないですね。営業している時に上でゆっくりできない、というのはありますけど。

内沼 休みはあった方がいいですか？　週一でアルバイトを雇われていてその日に休まれていますが、極論、全部自分で営業することもできなくはないですよね。

堀部 ずっと自分が店に居ると、なかなか店の空気が変わらないかな。あとは、インプットのために出かけるのは大事ですね。

　でも、基本それも仕事というか、出かけないと新しい本の判断が徐々にできなくなってくる。直接的に本を見なくても、常に色んなものを見るということは絶対で、店を運営する上で外に出ることがないとやっていけないだろうな、と思いますね。本屋さんはあんまり行きませんが、新しくできた飲食店とかは好きなので、結構行きますね。

内沼 本屋さんにあんまり行かないというのは？

堀部 大型書店は行くんですが、お店の参考に小さい本屋に行こう、というのはあまりないですね。こういう店をやっておいてなんですが、自分は全部ある中から選びたいので、買い物に行くのは大型書店です。マーケティングとして本屋さんを見たくないので、お店の面白さは他の業種を見て、商品の情報は大型書店でいろいろなものを見て自分で判断したい。こと本に関しては「お店」よりも「本の中身」の方に興味があるので。

大人な客と子どもな客

中村　買う人は年配の人、という話がありましたが、若い人は本を買いませんか？

堀部　もちろん買う人もいますけど、割合としては少ないです。でもそういう人は大事にしないとね。

中村　年齢層はどんな感じですか？

堀部　歯切れの悪い答え方かもしれないですけど、僕の認識のしかたがそういう感じではないんですよ。数字とかで分類するのではなくて……。例えば、一八歳でも佇まいが「大人」な場合とかあるじゃないですか。でも、写真撮りながらお店に入ってきたりとか、大勢でワイワイしながら来たりとか、そういう人は概して「子ども」なんですよ。だから何というか、割と成熟した若い人もいたりとかします。その中に学生もいますね。

内沼　今の話と関係していると思うんですが、さっき「買う人は年配の人」だったり「遠くから来る人」だという話でした。買わない若い人とか、観光スポットの一つとして来る人は、感覚的に「正直来ないでほしい」のか、それとも「そういう人が来てることとって結構大事だな」と思っていますか？

堀部　それは微妙ですね……。実際「本に興味のない人まで来んでいいのに」ってめちゃくちゃ思いますよ。でも、客観的に見たらやっぱりそういう人が来て、店がにぎわっている感じは大事なんだろうなとは思います。

　現場にいる感じとしたら「なんで来るんだろう」みたいな。店が暇な日とかはものすごいストレスになりますよ。一時間ぐらいいて「全然買う気ないな」とか、手をつなぎながら入ってくるカップルとか、これはどう考えてもうちの客ではない。これは恵文社の時に感じていたストレスでもあって、そういうものも、ある程度敷居を高くしようと思って今のお店を始めた理由でもあるから。

　でも、それも程度ですよね。そういう人が多くなりすぎると、じっくり本を読んで棚見て買ってくださって、レジで一言二言しゃべっていく人が居づらくなったりするかもしれないし。かといってお店が閑散としていて、ピンポイントで来て買ってくれればそれでいいかというと、そうではないですし。

　これは主観ですけど、よくあるじゃないですか。海外の頑固な本屋さんで、すごく客に怒ったりとか追い返したりとか。その気持ち、すごくわかるんですよ。「触んな！」とか言って。それは良し悪しというか。店の存在を知ってくれて来てくれるのは嬉しいけれど、観光地ではないから、メディアに露出する時とかもそういうことには気を遣わないといけないなと思ってます。

メディアとの付き合い方

内沼　それではメディアに出る時に、わざとやや偏屈な感じを出そうとしていたりしますか。

堀部　偏屈な感じを出そうとしているわけではないんですけど、トンチンカンな質問をされたら、結構いちいち説明するというか。だからある程度きちんと取材を受けないといけないな、と思います。「思い」とか「オシャレ」みたいに抽象化されることへの危惧はありますね。

　取材の方が来た時に、作られたストーリーを持って来られたら「うちはそういうのではないんで」とは言います。そういう人はストーリーをあらかじめ作っているから、そこに巻き込まれてしまうのは避けたいです。それが頑固っぽい感じで出てしまうこともあるでしょうね。例えば、「秋にお勧めの本一〇冊を紹介してください」という取材がきたら、はじめに「秋といっても抽象的なので、こんな感じの本とさせてもらいます」みたいな提案をするとか。

本屋の店主も編集者であれ

内沼　「面白いことをしたい」「面白いからやっている」と仰っていました。イベントをやるにしても、本を作るにしても「面白い」が先にあるわけですよね。難しい質問かもしれませんが、堀部さんの「面白い」を、自分ではどういうものだと思われていますか？

堀部　ひとつ言えるのは、「編集」することの面白さですね。例えば、こんなものを誠光社から出すということ自体が面白いとか、みんながパブリックイメージを持っている人を別の切り口で紹介して、こういう装丁にするから面白いとか。位置関係の面白さです。

　だから、ジャンルは何であってもいい。逆に言うと、自分が一個一個のものを最高に好きじゃなくてもいいんです。例えば、たまに政治的なものがあってもいい。けれど政治的なお店としてずっと発信し続けるのは面白くないんですよ。うちでやるんだったら少し違う切り口でやりましょう、と言ってみたり。ギャラリーなんかも同じです。

　やっぱり、位置関係の面白さなんですよね。純粋に「これがものすごく好き！」とか、「こういう小説が大好きで、この作家さんを紹介したい！」という面白さではないです。「この人はすごい作家だ」とか「この人はすごい画家だ」ということではなくて、その作家や画家のいろんな面を「編集」して面白がれることだと思います。

内沼　ただ「編集」ということだと、店をつくらなくても、本やウェブを編集すればいいのではないか、と思う人もいますよね。いま堀部さんがやられていることが進んでいったら、出版がメインなっていくことってあると思いますか？

堀部　たぶんないと思います。出版がめっちゃ儲かってないですから。それで成立したらそういう可能性もあるかもしれませんけど。つまり本屋のほうがダメになったりとかして、出版がよかったりとか。でもそれは成り行きですよね。

　でも僕の中では、本を作ることと、本屋で本を売ることは同じなんです。僕は性格的に「これがものすごく好きで、これは最高！」とは言いきれない。あれもこれも好きで、組み合わせるのが面白い。だから、「生涯の一冊は？」と聞かれても困るんです。「本当に好きなのかな」と思うし。イベントもやりながら、販売もやるし、展示もやって、本作りもやることが、自分の「編集」ということですね。

　だから「これがすごい！」という感じではない。もともと人的なつながりがあって、だからやろう、というところからスタートする。でも、ただやるわけではありません。その中にはそこまで好きではないものもあります。その場合は「こんなことしませんか」と提案します。余力があればですけどね。だから「編集」なんです。中心がないから変わり続けられるんですよ。もちろんそれにも感性は要ると思います。「中心がある」というのもカッコイイと思うんですけど、僕はそれがないんで、このバランスは変わらない。変わらないんだけど、その中で扱っているもの、好きなものがどんどん更新されていくんです。

内沼　堀部さんは「中心を持ちたいな」と思うことはあるんですか？

堀部　ありますよ。たまにイベントに来る同い年くらいの「どっぷりいってるやつ」とかと話していると「あ、僕も一つのことだけ研究したいな」と思うし。でも、僕の生き方はそうではないんです。

　例えば、イベントをまとめて『コテージのビッグ・ウェンズデー』という本をつくりました。そこではタモリや伊丹十三（いたみじゅうぞう）や村上春樹について話していますが、素人である僕らがしゃべる面白さでやっているわけで。専門家になってしまうと優劣のある競争になりますよね。そうではないところでやっているんです。

割り算レベルで経営はできる

内沼 少し話は戻りますが、数字ではなく、価値観とか生き方を重視されているとおっしゃいましたよね。けれど、店長として雇われていた恵文社時代と違って、自分でお店を経営するようになると、結果としてのビジネスにもより意識が回るようになるのではないか、という気もするんです。一年お店をやられて、経営に関する感覚は、店長時代よりもついてきたという実感はありますか？

堀部 どうなんだろう……でも結局、計算の仕方は恵文社時代と一緒ですからね。前からずっと頭で試算するのは好きでした。今日は売り上げが三〇万で、雑貨はこれぐらい売れていて、スタッフ何人いるから今日は赤字だな、とか。そういう暗算レベルはすごく得意なんですよ。

　でも、データベースとかエクセルとかは本当に大嫌いなんです。暗算でできる範囲のことは常に考えてるので、原始的な商売人ですよね。銭勘定みたいなものは前から好きなんですよ。実家が蕎麦屋だったし、子どものころから売り子もしてました。大晦日だと蕎麦がものすごく売れるのでお金も入ってくる。そういうのが好きなんです。

　だからたぶん、経営感覚は元々あるんですけど、ビジネス手腕としては全然長けてないと思います。結局、精密なデータが必要になるのは、もっと無駄をなくしたり、もっと貯蓄を増やしたりしたい時じゃないですか。「これくらいで食っていける」「あれくらいは買える」程度の計算でやっているから、そこは洗練されていくけど、それ以上のことはできない。ただ、バランス感覚でいうと、割り算までの感覚はずっとあるので、それは恵文社のころの延長なんです。給料をもらっているけど「これでこの給料か。もうちょっといけるな」みたいなことは常に考えてたし。だから「ビジネス」はわからないけど「商売」は好きです。割り算までできる商売。

面白いことを続ける

内沼　オープンした当初は、不安もあると思うんです。ここ一年で本を五冊出版されていますけど、「不安だからやめておこう」とか「一冊出すのをやめてお金を貯めておこう」と考えてしまう方向も、あり得ると思うんです。けれど、そうしなかった。本を出すことが結果的に、宣伝やブランディングにもつながっていった。それはビジネスというか、商売そのものだし、先行投資だと思うんです。結構、攻めの経営をしていると感じるんですが、そういう自覚はありますか？

堀部　確かに投資もあるんですけど、商売をしていると感覚的なタイミングがあるんですよ。だから、「正直、今出すのきついな」と思うけど、「なんとかこれを乗り切ろう」ということもある。それは投資とも言えるし、商売としての流れをつかむことでもあります。その両方の言い方ができますよね。だから経営スタイルというよりは、流れをつかんだ結果とも言えます。

話を戻すと、恵文社のころより自分の面白いことをやりたいという姿勢が前面に出ているんですけど、内輪の店にはしたくないんですよ。その感覚は京都の店を見てても思います。やっぱり、両方あるんですよ。

例えば左京区に、すごく面白いけど変で、親とかを普通に連れていけない店とかがあります。夜はカウンターに常連が集まって、ずっと酒飲んでワイワイ盛り上がって、でもライブもやってて、カウンター以外には普通のお客さんがいたりする。

そういうのをいろいろ見ていて、「こっちじゃないけど、これぐらいでいたい」というバランス感覚はあります。両方あるんですよ。自分が発信するものは内々に向けたメッセージかもしれないけど、パブリックなものもある程度保ちたい。両方がないといけないというのは、色んな店に行ってみてすごく感じます。

共有している「いいお店」

内沼 それは線引きが難しいものだと思うんですが、たとえば「ここまでやったらだめだ」という判断は、どのようにされていますか？

堀部 仲間内で共有しているんです。先輩が「あ、そこは危ないな」とか教えてくれる。自分の考えではなくて、受け継いできてるものなんですよ。「あそこの店行った？」と聞いてみて「あそこは良いよね」とか、みんなたくさん蓄積があるんですよね。フランクなのと礼儀がないのとは違うとか、面白くても料理がまずかったとか。そういうのは店をやっていると、なんとなく分かってくる。

　当たり前のことだけど、例えば毎日時間通りに開けてない店はだめですよね。そのへんをしっかりしていない店はどんなに面白い店でもだめだし、それは商売とは違う。あと、知り合い以外もちゃんと来ることです。知り合いだけで回っていてもそれはちゃんとした商売ではなくて、内々の遊びだと思う。

　だから、良い店の価値観を、自分ではなくて先輩や街のみんなの意見で何とか吸収してる感じです。一方で、「あの居酒屋は行ってもすごく杓子定規な対応だから面白くない」という意見もありますよね。四角四面だと面白くない。「ちょっと融通を利かせてあげてよ」と思いますよね。

　なんとなくみんなでそういう価値観を醸成していっている感じです。それは京都ならではなんですよ。自分発信ではないというか、みんなで共有していることなんですよね。

「ちょうどいい」大きさの経済

内沼 それは、先にも触れられた「文化を作っている」という感覚のことですね。たしかに、東京にはない感覚かもしれません。

堀部 東京にもないわけではなくて、要は「くくりかた」だと思いますよ。あるわけです。例えば、阿佐ヶ谷(あさがや)の中だけで狭く見たら、あるわけです。でも東京って、全部地続きですよね。あと、選択肢がありすぎる。たぶんスポットで見たら独自の文化はすごくあると思うけど、そこだけで完結している人は少ないかもしれませんね。

内沼 大きな資本が攻めてくるのが早すぎるということもあると思います。B&Bがある下北沢でも、店をやっていたりよく飲んでいたりする人で、下北沢らしい価値観を大切にしている人はたくさんいます。でも、家賃がどんどん上がっていくんですね。本当は少しずつ醸成された文化によって人が来ていたのに、まわりから大きな資本が入ってきて、中の人たちが居られなくなるぐらいの家賃になってきている。その結果、文化がなくなってしまえば、期待されていた人も来なくなるかもしれない。そういう、街のスクラップ&ビルドを恐れる感覚はあります。

堀部 サイクルが早いですよね。それは絶対数が多いからだと思いますよ。メディアや流行を追う人が京都の何十倍いるわけじゃないですか。そうなると、そういう人に影響されてしまう。地方都市だからこそ自分のペースで動けるメリットは絶対あると思うんですよ。だからこそ面白い店ができると思います。

先の話に戻りますけど、「面白い」というのは、最先端のものや珍しいもののことではなくて、自分やコミュニティ内での価値観だと思うんですよね。他人のスタンダードに惑わされないというか。これは、これから店をやる条件としてすごく大事だと思います。面白い人はどこにでもいるし。逆に東京にいる面白い人が地方でコアなことをすると、シビアではない環境のおかげで持続できるかもしれないですよね。
東京だと、規模が大きくても絶対数も多いから成り立ってしまう。でも、この高松では、大きい規模では成り立たないと思います。二人でこの規模とこの予算でやるからこそ成り立つわけで、それぐらいの店だからこそ可能なんです。そうなると、すごくちょうどいい感じですよね。
京都は素敵なものがたくさんあるのではなくて、素敵なものが少ないからそれを共有している。ブランドとして価値が大きいものや最先端のものは、すぐ数字に換算されますよね。でも、自分にとって良いものは全部、本当は相対的なものなんですよ。自分にとって「ちょうどいい」という感覚。その感覚がわかるのは、文学的、文化的な人です。数字に換算しないとわからないというのは、本を読んでないからなんですよね。数字にするのは一番理解しやすいですし。

小さく、長く続ける

内沼 さきほど、店の売上は落ち着いてきて、通販は伸びしろがあるというお話がありました。店での販売を伸ばすのは難しそうですか?

堀部 難しいですね。これは恵文社のころからです。「何かをやれば必ずお客さんが増える」ということはない。これだけはどうしようもないです。どれだけ面白い店を作ったとしても、社会に影響されますから。若者の人口が少ないとか、情報ソースが他のもので補われるとか。それをコントロールできると思っていたら、店をやるのは厳しいですよね。でも、今の規模であれば、何とか努力で保てると思います。

内沼 下がらないように努力している感覚ですか?

堀部 そうです。上がったらラッキーだと思っています ね。もう自分の努力とか因果関係で上がることは少ないと思います。それが出来るならどこの本屋さんも上手くいっているはずなんです。

だから、今のお店で一番良かったのは、最初に小さく設計したこと。大きくしていたら、結構しんどかったと思います。最低限で考えたのがよかった。

「ビジネス」のレベルだと計画性が大事かもしれないですが、「商売」のレベルだとコンセプトとか数字ではないんですよね。どれだけ「サードプレイス」とか謳(うた)っていても、実感とは全然かけ離れたりしますよね。そもそも、そういうものが好きな人がやっていたら、自然とそうなると思うんです。

最初よりも五年後、一〇年後が結果的によくなっていく店が、本当だなと思います。ビジネスの考え方は逆ですからね。計画があって、それに達してなかったら価値がないことになるわけですから。

（了）

第7章

本屋を本業に取り込む

本業に取り込める可能性はあるか

本を売る商売は、残念ながら厳しくなる一方だ。少なくとも、システムに依存した昔ながらのやり方で、いまからはじめるのは無謀だ。厳しいことは承知で、それでもこれから本屋をやろうと考えるならば、できるだけ「ダウンサイジング」をしながら、「掛け算」をしていくのがよいはずだ。ここまで紙幅の許す限り、その方法について記してきた。

一方、ここまで読んで、いきなり独立して本屋として生計を立てようというのは、自分にはリスクが高すぎると感じている人も多いのではないだろうか。そういう人はまず、いま置かれた環境を手放すことなく、本業で生計を立てながら、副業的にはじめてみるのがよいだろう。できる範囲ではじめてみて、そこから本業としてやっていける可能性を感じたら、徐々にシフトしていけばよい。

あるいは、本屋で生計を立てることは考えず、あくまで個人的な活動として続けていきたいという人もいるはずだ。自分の人生の中で、できる範囲で少しずつ、「本」のおもしろさを誰かに伝えていきたい。「本屋」としての活動に、長期的に取り組んでいきたい。それは言い換えれば、「本屋」をライフワークと捉えることだ。

ライフワークということばは、出会うことができた天職、一生を捧げていく事業というような意味で、生計を立てる本業に対しても使う。しかし誰もがライフワークをそのような本業にできるわけではない。個人的な人生の中で、必ずしも本業として生計を立てられなくとも、むしろ本業で稼いだお金をそれに使ってでも取り組みたいと思えることが、ライフワークであるはずだ。そして、「本屋」をそのようなライフワークとして考えるのであれば、むしろ収益性からは積極的に切り離して考えたほうが、新しい形を生み出すことができておもしろい、とぼくは考えている。

そのような、副業あるいはライフワークと考えるのであれば、現在の本業は生計のために維持した状態で「本屋」をやることになる。そのとき、その本業と「本屋」とは切り離された、まったく別のものと捉えるほうが、一般的な考え方かもしれない。

しかし、ここまで「掛け算」の章で見てきた内容からもわかるように、本はあらゆるものと相性がいい。もし本業としてどこかの企業に勤めていたとしても、その事業内容やポジションによっては、そこに自分が「本屋」としてやりたい活動を、うまく取り込める可能性がある。

本業がフリーランスであったり自分が組織の代表であったりする場合は、少なくとも自分に決定権があるという意味で、なおさら可能性が高い。

本業の側にある課題を発見し、それを解決する道具としての「本屋」のアイデアを考える。あるいは、なるべく自分が個人的にやりたい「本屋」の形に近いものを、本業の一環として理由がつくような形にチューニングして、混ぜ込んでいく。本章では、そうした本屋のあり方について書いていく。

本業が何であるかによってケースバイケースで、バリエーションは無限にあり得る。また、「掛け算」とも似ているが、こちらの場合は主従が逆で、あくまで本業を続けるという前提があり、それに「本屋」の側をすり合わせていくアプローチになる。どんな形であれ「本屋」をやるのはそれなりの手間がかかる。手間のかかるわりに、本を売ることで利益を出すのはまず難しいと考えたほうがよいので、こういう課題を解決するためにやるのだ、といえる理由を考えたほうがよい。

本業に寄り添って考える以上、それが幸運にも個人的にやりたい「本屋」に近いものになる可能性は、高くないかもしれない。けれど、もしその後に独立したり、本業とは切り離した副業やライフワークにするとしても、本業の傍らで本を扱う経験を積んだり、実感をつかんだりできるのならば、それに越したことはない。まず、そもそもそういう「本屋」がどのような形ならばあり得るのかを考えてみよう。妄想するだけでも楽しい。

ここでは、なるべく現実に落とし込みやすいように、わかりやすく抽象化した架空のモデルケースを挙げながらすすめる。中にはぼくが知らないだけで、既に実在するものに似ていることもあるかもしれない。一部は、自分が過去に提案して実現したものやしなかったもの、過去の講座やワークショップで出た案で実現可能性の高そうなものなどを元にしている。それぞれ、自身の現在の本業に置き換えるとどうなるか、それを会社に提案して自ら担当者になることができるか、など想像しながら読み進めていただければと思う。

集客や営業のために

まず考えられるのは、本業における集客や営業のための本屋だ。本屋はもともと、誰でも気軽に入ることができる。お金を使わなくとも得られるものがあるため、他の業態よりも相対的に集客力がある。

本業が既に店舗を構えるビジネスをしていれば、その店舗の一部で本を売ること、小さな本屋を混ぜ込むことは、集客につながる可能性がある。これまでその店舗に入りにくいと感じていた層を、新たに取り込むことができるからだ。本のタイトルを眺めたり立ち読みをしたりできるぶん、客当たりの滞在時間も伸び、店ににぎわいも生まれる。

また、それまで店舗を構えていなかったとしても、ターゲット層に特化した本屋をつくって運営することができれば、見込み客を集める、営業上の拠点になる。新規の顧客が開拓できるだけでなく、既存の顧客をつなぎとめる役割も果たす。

CASE1　インテリアショップが一角で本を売る

インテリアショップの一角。椅子やテーブル、照明、そして本棚などが、実際の部屋のように並んでいる。ディスプレイのコンセプトは、とある本好きの部屋。本棚に囲まれた生活の心地よさを演出している。本屋としてはそれほどの冊数ではないが、いち個人の趣味のひろがりが見えるような面白い品揃えで、並んでいる本はすべて購入することができる。

集客を目的にしているので、外からも本が売っているとわかりやすいように工夫した。今までは入店しなかったような通りすがりの人が、気になって入ってくる。また、二人組で来た客のうち一人が家具の購入を真剣に検討している間、もう一人が本を読んで過ごしているような場面もよく見かけるようになった。

CASE2　住宅メーカーがモデルハウスで書店を経営する

住宅メーカーが建てたモデルハウス。いわば家の見本であるが、せっかくある空間を生かして、地域住民に親しんでもらえるような何かができないかと考えていた。そのような中、その地域に一軒だけだった街の書店が、残念ながら閉店してしまった。そこで、モデルハウスを書

CASE1　インテリアショップが一角で本を売る

CASE2　住宅メーカーがモデルハウスで書店を経営する

ＣＡＳＥ３　印刷会社が紙や印刷、編集やデザインに関する専門書店を経営する

店にすることにした。
「暮らし」を中心的なテーマとして、幅広いジャンルの本を取りそろえ、週末にはイベントやワークショップなども開催する。そこから、自分のライフスタイルについて考えるきっかけを生み出す。いますぐ家を建てるつもりがない人にも、そこで時間を過ごしてもらうことで建物の魅力を実感してもらえれば、いずれは結果にもつながると考えている。

CASE3　印刷会社が紙や印刷、編集やデザインに関する専門書店を経営する

自社の印刷技術、クオリティや価格を、より多くの人に知ってほしい印刷会社。新規顧客の開拓はこれまで、口コミやウェブサイトなどに頼るしかなかった。より多くの人に知ってもらうため、営業拠点を兼ねた書店をオープンすることにした。

紙や印刷、編集やデザインに関する本を、専門的に取り揃えている。ふつうの書店では手に入りにくい海外の本や、出版流通に乗っていないインディペンデントな本も多く取り扱い、ネット通販も積極的に行っている。また、自社で印刷した印刷物を書店として仕入れて販売するサービスも好評だ。営業担当にとっても、紙見本や印刷見本と一緒に、完成した実例を目の前に見せながら話ができるので、さまざまな提案がしやすくなった。

顧客満足度を上げるために

集客や営業につながらなくても、既にいる顧客に対して、本という要素を追加することがひとつのサービスとして有効に機能したり、何らかの付加価値となったりすることが考えられる。たとえば、顧客の待ち時間が発生しやすいビジネスの場合、閲覧あるいは購入できる本が並んでいることで、その時間を有効活用してもらうことができる。そこで過ごした時間全体を通して体験の質を上げることができれば、また再訪したくなる。

また、主として販売している商品に、専門的でわかりにくい部分があったり、種類やその使用方法にバリエーションがあったりする場合は、それを説明する本や関連する本を近くに置いて販売することによって、わかりにくさや選びにくさを解消することができる。本来であれば

CASE4　美容室の鏡ごとにライブラリをつくる

接客が必要な部分を、本の販売によって補完することができる。

このように、本業におけるひとつの工夫として本を陳列、販売におけるサービスや接客、取り入れることによって、顧客の満足度を上げることがあり得る。独自の魅力とすることができれば、競合相手との差別化にもつながる。

CASE4　美容室の鏡ごとにライブラリをつくる

街角の美容室。ここのところ、近隣にたくさんの美容室ができて、競争がはげしくなってきている。通ってくれている客の顔を思い浮かべながら、少しでも喜んでもらえるサービスをと考えて、その人たちのために本を選んで、揃えることにした。

CASE5　自転車屋の一角で自転車関連の本を売る

これまでもファッション雑誌などは用意していたが、それはどこでもやっていることだ。パッと見てわかる特徴を出すために、鏡のまわりを本棚にして、鏡ごとに選書のテーマを設けている。しばらく時間が経って傷んできた本は、店のロゴの入ったステッカーを貼って、無料で差し上げることにしている。家の本棚に並べてもらうことで、自分の美容室を思い出してもらえればうれしい。

CASE5　自転車屋の一角で自転車関連の本を売る

さまざまなパーツを扱う、マニアにも評判の自転車屋。これから自転車にこだわってみたいという初心者の人も大歓迎なのだが、ややハードルが高いと感じられてしまうこともあるようだ。よりわかりやすい店づくりをし

CASE6　八百屋で野菜別にレシピ本を売る

たいと考え、一角で本を売ることにした。
自転車の構造やメンテナンスに関する本はもちろん、自転車で行ける旅のガイド、サイクリングに関するエッセイなどを取り揃えている。接客されるのが苦手そうな人も本で情報を得て尋ねてくれるようになったし、修理で手が離せないときの問い合わせにも、本を案内することができるようになった。

CASE6　八百屋で野菜別にレシピ本を売る

国産のオーガニックな野菜が揃っていることで人気の八百屋。しかし使い勝手のよく手ごろな価格のデリが近所にオープンしてから、少し売上が下がってきた。自分で料理をするのが好きな客にもっと楽しんでもらおうと、商品棚をリニューアルして、野菜別にレシピ本を並べて売ることにした。

　つくる料理を決めて来店している人は買う野菜も決まっているが、決めていない人は野菜を見ながら料理を考えている。レシピ本はその助けになる。実際にスタッフが料理してみて、お勧めのレシピに付箋（ふせん）をつけたまま本を売るサービスも好評だ。客とスタッフとの間で「あれが美味しかった」というような会話も生まれるようになって、常連客が根づいてきた。

ブランディングのために

友達の家の本棚を見ると、その人の考え方や趣味がわかってしまう。それと似て、どんな店舗やオフィスでも、そこに本棚があれば、その店や会社の思想や美意識を示す強いメッセージを発することになる。法「人」というように、会社もひとつの人格をもっている。個人の本棚に人格があらわれるように、法人の人格もまた、本棚にあらわれてくる。そこにどんな本が、どのように並んでいるかということが、良くも悪くもブランドイメージを規定することになる。逆にいえば、それを正しくコントロールできれば、本棚を通じてブランドが伝えたいことを発信することができる。

　それは個人であっても同様だ。多くの人の目に触れる場所で、いま本業として取り組んでいること、これから取り組んでいきたいことについての本を並べて発信することは、いわゆるセルフブランディングの一環となる。

なお、ここではブランド側のメッセージを発信するという目的に焦点を当てているが、ケースによっては結果的に、集客や営業に役立ったり、顧客満足度を上げたりすることも起こるだろう。

CASE7　自動車の期間限定キャンペーンで旅の書店をする

自動車メーカーの販売店。旅の相棒をコンセプトとした、新モデルの発表に合わせたキャンペーンとして、期間限定で旅をテーマにした書店を開くことにした。

実際は、どんな自動車であっても旅には出ることができる。そんな中で、旅といえばこのモデル、というブランド認知を生み出すことを狙った。CMの撮影に使った小道具なども配置し、旅先で本を読んでいるような空間を再現している。

CASE8　食品メーカーが食文化のライブラリをつくる

大手食品メーカー。大量生産の食品を作っていると、どうしてもメーカー側の理念やこだわりは消費者に伝わりにくい。そこで、社内ライブラリをリニューアルし、一般に開放することにした。

世界の食文化に関する専門的な資料を、誰でも閲覧できるようにすることで、開発までの背景にはこうした膨大な知見があるのだ、というメッセージを発することを狙った。週末は様々

ＣＡＳＥ７　自動車の期間限定キャンペーンで旅の書店をする

ＣＡＳＥ８　食品メーカーが食文化のライブラリをつくる

な国の料理教室や、調味料に関する勉強会なども行い、多くの人が集まる。

CASE9　シェアオフィスの一角を古書店にする

フリーランスのデザイナーや編集者、ライターが数名集まり、オフィスをシェアすることにした。たまたま広い物件が格安で借りられたので、その一角を古書店にすることにした。交代でレジに座り、そこでも仕事をする。自分の蔵書や仕事の資料を並べているだけでそれほど売れないが、「あの本屋をやっている人たち」として名前も売れてきたし、棚を見ればこちらの得意分野がわかるのか、前からやりたかった種類の仕事も来るようになった。

CASE10　知的なイメージで売り出しているタレントが書店をプロデュースする

知的なイメージで、本を紹介する番組にも出演する人気女優。所属事務所は、自社ビルの一階で、彼女を店長として書店を経営することにした。

自著でなくても、オススメ本にはすべて彼女のサインが入っているのが特徴だ。もちろん実務は書店経験者がやっているが、彼女も不定期で店に立つため、一目見たさに訪れるファンも多い。好奇心で覗いた本好きも、その本格的なセレクトに唸(うな)る。

CASE11　地元企業が周辺住民のためのライブラリを運営する

とある街が創業の地で、いまもそこに本社工場がある企業。周辺に住む人たちが集う憩(いこ)いの場として、長年にわたってオープンなライブラリを運営している。

CASE9　シェアオフィスの一角を古書店にする

CASE10　知的なイメージで売り出しているタレントが書店をプロデュースする

CASE11　地元企業が周辺住民のためのライブラリを運営する

子どものころからこのライブラリに親しみ、それがきっかけで入社した社員もいる。地域コミュニティに貢献し、自社の事業についても知ってもらうことで、街の人々から愛されながら、安定した成長を続けている。

研究・調査やスキルアップのために

ここまでの事例は社外に向けたものであったが、社内向けの本屋もある。たとえば、資料として急に話題の本や雑誌の最新号、その日の新聞などが必要になったとき、ネット書店に頼むよりも、自社ビル内に書店があればそこで買うのが一番早い。

　また、業務上多くの社員に参照される本であれば、社内に充実したライブラリがあるの

CASE12　ＩＴ企業が社内に技術書の書店を経営する

がよい。研究職など専門的な仕事であればあるほど、資料は高価であったり手に入りにくかったりする。社員がスキルアップのためのトレーニングを行ったり、新たなアイデアを出すために棚を眺めたりするための場所として運営する。

ワークショップや勉強会などを通じて、有効活用されるように促していくことも大切だ。社員の知識やスキルが高まっていけば、それは直接的に企業の競争力となる。

CASE12　ＩＴ企業が社内に技術書の書店を経営する

急成長中のＩＴ企業。人が足りないため、どんどん採用を進めている。社員の多くが技術者であるため、自社ビルの一階に技術書の専門書店を開店した。一般の人でも入れる場

CASE13　技術系の会社が膨大なライブラリを管理する

所にあり、イベントなども頻繁に行っている。必要な時にすぐ最新の技術書が手に入るため、社員にも好評だ。まだスキルが低い若手社員が集まって、自主的な勉強会も開かれるようになった。また近隣のオフィスに勤める技術者や学生の利用も多く、店内に貼り出している求人情報から、応募も来るようになった。

CASE13　技術系の会社が膨大なライブラリを管理する

自動車メーカーのR&D部門。素材からデザインまで、交通から地球環境まで、そして近年ではAIをはじめとする情報技術まで、さまざまな分野の専門的な知識がストックされている。複数の拠点があり、それまで社内にバラバラに散っていたあらゆる本や資料を、一か所にまとめて分類し、ライブラリとして運営をはじめた。

社内システムからアクセスすることができ、予約した本は、別の拠点であっても翌日にはデスクに届く。いつ誰が借りたかというデータも参照できるため、読む前にかつて同じ本を読んだ人に話を聞いたり、読んでから意見を交換したりすることも可能になった。

社内のコミュニケーション改善のために

社内にある本は、必ずしも仕事に必要な資料でなくともよい。社員が仕事以外に熱中する趣味を持ったり、共通の趣味を持つ社員同士が交流したりすることは、社内によい空気を生み出す。

また、特に企画系の仕事であれば、仕事で必要になるアイデアも、実際はさまざまなことに幅広く興味を持ってアンテナを張ることで、仕事以外の部分から生まれてくることが多い。ひとりひとりの社員の関心領域を広げ、それぞれが違う分野の知識を深めていくことができれば、多様なアイデアを生み出すユニークな企業になれるかもしれない。

CASE14　社員食堂にライブラリをつくる

とある中堅の広告代理店。さまざまなクライアントに、日々企画を考えて提案しなければならないが、これまであまり本に親しんでこなかった若い社員も多く、世間で話題になっている

CASE14　社員食堂にライブラリをつくる

こと以外にあまり物事を知らない。そこで社員食堂にライブラリをつくることにした。

自分が読み終わった本が家に置ききれなくなったら、預かってもらえるのが特徴だ。社員から図書委員を募（つの）って有志で管理していて、誰が読んだものかわかるようになっている。社員から課題図書を募り、定期的に読書会も開いている。最近では少しずつ参加者も増えてきた。

第8章

本屋を本業から切り離す

「つとめ」と「あそび」

「本屋」を本業として、独立して生計を立てるのはリスクが高く、まだ踏み切れない。あるいは、そもそも本で生計を立てようと考えていない。そのような人に向けて、前章では、本業の側に「本屋」を寄せて、取り込んでいくアプローチについて書いた。

けれどももちろん、無理やり本業に取り込む必要はない。本業とは完全に切り離して、まったく別の副業あるいはライフワークとして、個人的な「本屋」をはじめる。本章ではそのようなあり方について書いていく。

日本では二〇〇〇年前後からしばらくの間、ブックオフを筆頭としたいわゆる新古書店が急増し、その画一的な値付けシステムの中で割安になった本を拾い、インターネットで転売するという副業が流行した。のちにAmazonのマーケットプレイスが日本でサービスを開始した後は、インターネットでの古本売買はより加速して相場も安定してきた一方、新古書店で掘り出しものが見つかりにくくなって、それを副業とする人も少なくなった。

二〇一八年現在、本はこのような「小遣い稼ぎ」を目的とした副業には向いていない。よほどの目利きであれば別かもしれないし、ジャンルによっては海外を相手にしたビジネスもまだ残っていそうだが、その可能性を探るのは本書の目的ではない。副業でお金を稼ぐのが第一の目的であれば、本以外の商材を探したほうがよいだろう。

稼ぐのが厳しいことはわかっている。けれど、どうしても「本屋」がやりたいから、まずは副業としてはじめる。そういう副業にしかなり得ない。その意味で、副業とライフワークとは、その時点でのスタンスの違いでしかない。いずれ本業にできればという気持ちで副業としてはじめたけれど、実際はほとんど利益が出ず、本業にすることは諦めた。けれどやること自体が楽しくなってきたので、ライフワークとしてずっと続けたい。あるいは逆に、あくまでライフワークのつもりで、利益は出ない前提ではじめたけれど、結果的に少し利益が出てしまった。会社に言わずにはじめてしまったので、税金も支払わなければならないし、どうすべきか悩んでいる。どちらもよくあることだ。利益は当面できるだけ求めず、継続のために必要であれば、そのごく最低限だけを目標に、あとは結果的についてくれば儲けもの、くらいに考えておくほうが精神衛生上もよいだろう。

江戸時代の日本において、仕事にはお金を稼ぐ「かせぎ」と、社会のために務める「つとめ」のふたつがあり、それぞれだけでは半人前、両方できてこそ一人前といわれたという。現代においては仕事といえば「かせぎ」だけを考える人も多いだろうが、自分を生かしてくれている社会、この世界に対する「つとめ」を果たすことは生きる歓(よろこ)びになる。お金が稼げなくても、稼いだお金を使ってもいい。週に数日、短い時間だけでも、「本」のおもしろさを、より多くの人に伝える「本屋」になりたい。「かせぎ」としての本業のかたわら、自発的に行うそのような「本屋」は、現代の「つとめ」であるといえるかもしれない。

一方、そうした使命感からではなく、単なる個人的な「あそび」として「本屋」になるのもよい。とにかく、本は遊びやすい。無限とも思えるバリエーションがあり、あらゆるものと相性がいい。小さくて軽くて、値段も安い。そして、本を介して人とコミュニケーションをすることはそれだけで楽しい。ならば、収益はいったん度外視して考えるのがよい。商売にしている人には手間がかかりすぎてとても真似できないようなことをすれば、誰も経験したことのない本と人との出会いの形を生み出すことができる。

「かせぎ」としての本業とは切り離した、「つとめ」あるいは「あそび」としての「本屋」。それがどんなに小さな活動であれ、「本屋」が増えることは結果的に「本」の世界を豊かにする。

実験ができる強み

本棚を担いで山に登り、山頂で本を売る「杣BOOKS」という本屋がある。重さや道のりを考えると運ぶのは大変で量にも限界があるし、そもそも山頂に来るのは登山をしている人だけだ。客単価を上げる、客数を多くするという発想とは真逆で、本を売ることで収益を上げたいと考えていたら思いつかない。けれど本も山登りも好きな人が、収益を度外視して単にやってみたいことを考えるとしたら、思いつくかもしれない。山頂で偶然出会った人からすれば、まるで奇跡のような体験だ。実際に、これまでにない珍しい本屋ということで、新聞や雑誌にも紹介されている。

このような実験的な本屋ができることは、本業から切り離すことの強みだ。本業に取り込む場合、いくらそれ単体での収益は求められないとしても、できることは限られている。下手なことをすれば、本業のブランドイメージに傷をつけるかもしれない。しかし本業とは関係なく、まったく個人的にやるのであれば、あらゆる実験ができる。収益も度外視すれば、どれだけ時間をかけても、お金をかけてもよい。とくに演出的な部分は、手間をかければかけるほど、誰も見たことのないものになっていく。

どういった形であれ名前が売れることは、フリーランスで仕事をしている人であれば、別の形で返ってくる。いまは企業に勤めている人でも、少しでも名前を知られていれば、独立するときに役に立つかもしれない。結果的に、後から本業に取り込んだり、掛け算の形で独立したりすることにつながることもあるだろう。

リアル店舗も構えられる

先に挙げた「杣BOOKS」はいわば不定期の移動本屋であり、その部分に面白さがあるわけだが、一方で本業の傍ら、定期的に開店するリアル店舗を構える人もいる。

岩手・盛岡に「Pono books & time」という本屋がある。古本が中心で少しの新品の本があり、コーヒーをはじめとするドリンクを提供し、コワーキングスペースを併設している。営業時間は火・木・金の一七～二二時と、土日祝の一四～二〇時。つまり平日三日間の夜と土日祝だけの営業だ。店主の小山由香理氏は、昼間は会社員として働きながらこの店を経営している。開業前に上司にも相談し、就業規則上問題ないことも確認したうえで開店した。いまはその上司も客として訪れるという。

東京・蔵前の「H.A.Bookstore」は土日祝の一二～一七時のみの営業で、店主の松井祐輔(まついゆうすけ)氏も平日は会社員だ。小規模ではあるが、店だけではなく雑誌や書籍の出版業、取次のような販売代行業も、すべてひとりで行っている。

このような本屋の場合、まずは自分の人件費のことは考えずに、家賃と光熱費が払えるくらいの売上を最低限の目標とすればよい。営業日数や時間が短いぶん、それさえ決して簡単ではないだろうが、とはいえ不可能な目標ではない。本だけでは難しければ、これまでに述べてきたどのような掛け算でもできる。逆に、それらの経費もすべて本業の稼ぎから負担しようと考えれば、売上はまったく気にせず、自分が本当に売りたいと思える本だけをじっくり売ってもよい。

もし一人でやるのが不安ならば、仲間を集めて複数人ではじめるという手もある。本屋を開きたい数人が集まって、出せる範囲のお金で店をつくり、曜日ごとに持ち回りで店番をする。それぞれの個性を品揃えや接客に出せれば、客にとっても毎日違った魅力のある、面白い店になるかもしれない。

また、店舗物件を新たに借りるハードルが高いと感じるならば、まずは自宅やオフィスの一部を開放するという手もある。たとえば自宅を、週に一度だけ、紹介制で予約制の古本屋にする。売る本はすべて、これまでに自分が買って読んできた私物だ。これならば、はじめるのには一円もかからない。準備もせいぜい部屋を片付けて、売っていい本に値札をつけるくらいで、あとは知人に招待メールを出すか、ＳＮＳで告知するだけだ。やろうと思えば明日にでもできる。

蔵書を売りたくなければ、閲覧だけにしてもよい。まずはイベント的に、友人と読書会を開いたり、知人の子どもたちに読み聞かせをしたりするのもよいだろう。友人や知人に開くことに慣れてくれば、いずれ私設図書館のような形で、地域の人たちに広く開放したくなるかもしれない。それは「私」の一部を「公」に開くことであり、家にとっても地域にとっても、有意義なコミュニケーションの変化を生むはずだ。

イベントに出店する

必ずしも場所はいらない。あるいはいずれは持ちたいけれど、新たに場所を借りたり、自分の場所を開いたりするのはまだ、気が進まない。そういう人は、イベントに出店することからはじめればいい。

近所のフリーマーケットなどでもよいが、お勧めなのは「一箱古本市」と呼ばれるイベントだ。商店街の店の軒先や、どこかの広場に集まり、一人あたり一箱分の古本を販売する。日本全国に広がっていて、ほぼ毎週末、どこかで開催されている。その中のひとつに出店申込をするところからはじめよう。そのときには自ずと、自分の店の屋号を決めることになる。もちろん後で変えてもよいが、ひとりでも多くの人に名前を知ってもらう機会になるので、できるだけひとつの名前で続けたほうがよい。あまりいろんな名前で活動すると、なかなか人に覚えてもらえなくなる。

いよいよ出店というとき、それが初めての接客経験となる人もいるだろう。客が目の前を通り過ぎ、立ち止まる。声をかけて、あるいはかけられて、話をする。買うか買わないか悩んでいる人に、本について説明する。興味を持ってくれて、買ってもらえた。このときの、特に最初の喜びは大きい。店をはじめるということは、話しかけられる側の人になることだと先に書いた。それには向き不向き、あるいは慣れもある。本を売る、買うという一連のコミュニケーションを経験できることは、イベントに出店する大きな魅力だ。もちろんリアル店舗での接客とは違う部分もあるが、むしろ一箱古本市の、その独特の面白さにはまってしまって、参加できるものを探しては、毎週末のように出店している猛者もいる。

　また、出店する側に慣れてきたら、運営する側を経験してみるのもよい。一箱古本市は単体で行われることも多いが、ブックイベントの一環として、本に関する他の催しと一緒に開催されていることもある。まずは好きなイベントに、ボランティアの運営スタッフなどとして参加させてもらおう。一箱古本市全体、ブックイベント全体が、その日限りのひとつの「本屋」だ。その運営の一端に携わることには、たくさんの楽しみと学びがある。いずれはその経験をもとに、自分主催のイベントを企画してもよい。

　あるいは、本屋や図書館などでのイベントに携わるという形もある。それぞれの方針によるが、イベントの手伝いを募集していたり、企画の持込を歓迎していたりするところもあるだろう。また、子どもたちへの絵本の読み聞かせボランティアなども、各地で募集している。たいていは講習会があるので、興味があれば初めてでも挑戦してみよう。本の面白さを誰かに伝える活動に携わりはじめたとき、すでにあなたの「本屋」ははじまっている。

インターネットで活動する

誰かに本の面白さを伝えるのは、必ずしもリアルな場所でなくてもよい。平日の夜や週末に外に出ていくのが難しければ、インターネット上で活動することもできる。

「BASE」や「STORES.jp」などのサービスを使えば、ネットショップを開くのは驚くほど簡単だ。Amazonのマーケットプレイスやフリマアプリなどで古本を売るのはさらに簡単だ。直接リアルでの接客ができない代わりに、独自のしおりやフリーペーパー、手紙などを添えてもよい。たとえば本好きの親族が亡くなったときに、その蔵書を古本屋に一任して処分してしまうのではなく、自分で一冊ずつ売ってみる。記録として残しながら、その本を必要としている人に手渡していくことは、きっと代え難い経験になる。

売る本の在庫がなければ、ブログで本を紹介して、アフィリエイト広告を貼ってもよい。ブログを書いたくらいで、と思う人もいるかもしれないが、人気のブログであれば、ひとつの記事である本が数百冊売れたりすることもあるという。数百冊というのはリアルの本屋でも驚くべき数字で、出版社や著者から見たら、そのブログ記事自体が、自分たちの本を猛プッシュして売ってくれる一軒の有力書店のようなものだ。ブログに限らず、今はTwitterのつぶやきひとつで、それが大量にRTされることでブレイクする本もたくさんある。

まずは屋号を決めて、SNSのアカウントをつくるだけでもよい。「いか文庫」は二〇一二年から活動している、店舗も商品もない「エア本屋」だ。「今日もオープンしました」「今日のお勧めは、この本です」などとTwitter上に書き込んで発信することからはじまり、今独自のグッズをつくったり、リアル書店のブックフェアを企画したり、幅広い活動を行っている。個人的な小さな活動からスタートしても、そのようにネットからリアルへと、活動の幅が広がっていく可能性はたくさんある。

また、読書記録や本の管理、本好き同士のコミュニケーションなどを目的とした、本に関するウェブサービスやアプリもたくさんある。技術やアイデアがあれば、そうしたものを開発し運営するというのもまた、これからの「本屋」のあり方だ。これまでのリアル書店にはできなかった形で本の世界を広げ、その魅力を伝えている。

本屋として生きる

自由度の高い仕事をしている人や、不労所得があるような人を除いて、大半の人が生計を立てるための本業に、それなりの時間、身体を拘束される。それが平日の日中であるならば、

「本屋」としての活動につかえる時間は自ずと、平日の夜と土日だけになる。

前述の小山氏や松井氏の生活は、ほぼ休みもなく、多くの読者は大変だと思われるかもしれない。けれど本人たちは、きっと周りが思うほどには大変だと感じてはいないのではないか、と勝手ながらぼくは思う。

優雅な暮らしがしたいわけではない。最低限のお金があれば、それよりも大切なのは時間だ。自分なりに、幸せを感じられる時間の使い方をしたい。今の時代を代表する価値観は、そうした方向に変化してきている。本業の傍ら、儲からなくても、自由になる時間のほぼすべてを捧げてでも「本屋」をやろうという人は、本を人に手渡すこと、本を介して人と触れ合うことに、幸せを感じる人なのだと思う。自分の大切な時間を「本屋」であることに使う。それは「本屋」として生きるということだ。

とはいえ、それは決して大げさなことではない。もちろん、生涯を捧げるライフワークとして、「つとめ」としての使命感を持って取り組む人もいるだろうが、本業のストレス解消のために、「あそび」のひとつとして軽い気持ちではじめる人もいるだろう。わざわざやろうというのだから、どちらも「本屋」として生きる人であることに変わりはない。どんな小さな形であれ、そのような人がひとりでも増えることを願っている。

第9章

ぼくはこうして本屋になった

参考書マニアだった話

それでは自分の場合はどうか。どのように「本屋」としての自分がはじまり、これまで何をしてきて、これから何をするのか。自分語りとなってしまうことは恐縮だが、ひとつの実例として、最後に恥をしのんで二〇一八年現在までの話を書いておきたい。

小学生の頃と違って、中学に上がってからは電車で通学していたので、少しお金を持たされていた記憶がある。埼京線で、池袋駅。山手線に乗り換えて、新大久保駅。私立の中高一貫の男子校に六年間通った。ロッテのガム工場の前を、ブルーベリー味の匂いを嗅ぎながら歩くルートが、駅から学校までの正式な通学路だった。けれど、少し遠回りになる別のルートを歩くと、当時たしか新刊書店が一軒、古本屋が二軒あった。そこで少しずつ、自分で本を買うようになった。ほとんどは古本の文庫本で小説やエッセイ、中でも村上春樹がきっかけでヴォネガットやオースター、サリンジャーやカーヴァーなどが好きになった。間食のためのお金を貯めて、たまに新刊も買う。読み切れなくても、少しずつ買うのが楽しかった。

受験生になってからは、多くの同級生がいわゆる三大予備校に通う中、ぼくは学校から一番近くの、高田馬場にある中堅の予備校に入った。講義を受けるよりも、自習をするのが好きだった。学習参考書や問題集の代金であればいくらでも親に請求できるのをいいことに、最寄りの本屋であった、「芳林堂書店高田馬場店」に入り浸った。

学校が終わって勉強を始めるまで少しの時間があると、そこで参考書や問題集を物色する。徐々に、自分ではこなしきれない量になっていった。通っているうちに、新刊が出ればその変化に気づくほどに、棚の商品を記憶していく。それぞれの特徴に詳しくなり、同級生の勉強の悩みを聞くと、それに合う参考書や問題集を勧めるほどになった。これは後から友人に指摘されて気づいたことなのだが、いま思えばこの頃に、ぼくは少し「本屋」に目覚めたといえるかもしれない。誰かのために本を選ぶのは楽しかった。大学に入ったのは一九九九年。七月になっても人類は滅亡しなかった。

つくる側から届ける側へ

　高校から大学にかけて、音楽をやっていた時期もあったが、すぐに挫折した。けれど徐々に美術やデザイン、映画や現代思想など、他のことにも興味を持つようになって、どんな分野とでも接点が持てる雑誌づくりがしたいと思った。学内の雑誌サークルに入り、やがて新しく自分たちのチームを立ち上げた。いつしか編集という仕事に憧れるようになった。

　大学二年生のころ、『Wasteland』（荒地出版社）という雑誌の巻末に、編集者の後藤繁雄（ごとうしげお）氏が主宰する「スーパースクール」という編集学校の広告を見つけ、参加することにした。同時に、友人がいた慶應義塾大学湘南藤沢キャンパスの福田和也（ふくだかずや）氏の小説と雑誌のゼミにも、こっそり混じった。そして自分の大学では阿（あ）久津聡（くつさとし）氏のゼミに入り、ブランド論を学んだ。雑誌づくりとブランディングには通じるところがあると感じていた。このまま就職せずに、自分たちのチームで構想する雑誌で食べていけたらどんなにいいだろう。学科の講義にはほとんど出ずに、興味のあることだけにひたすら時間を割いた。

　けれど結局、雑誌づくりにも挫折して、一号目さえも出すことができなかった。その代わりに、六本木のクラブで自分たち主催のイベントをはじめる。ＤＪやライブだけではなく、古本を解体して好きなページを選んでもらって綴じて売ったり、イベントの模様をその場で朝までに編集してフリーペーパーとして配ったりした。同じころ、当時南青山にあった「IDÉE」の一階にワゴンのような小さなコーヒースタンド兼古本屋のような店があり、そこで手づくりの小冊子を売りながら、古本の仕入れを手伝わせてもらった。また、後藤繁雄氏が坂本龍一氏らと立ち上げた「code」というユニットの、渋谷パルコギャラリーでの展覧会にも声をかけてもらった。ぼくたちは有名無名の様々な人たちから「グッドライフのための企画書」を集め、鉄製のファイルに綴じ、隣にコピー機を置いて来場者は自由にコピーして企画を実行できるという、一点ものの本を作品としてつくって展示した。二〇〇二年。ぼくは大学三〜四年で、就職活動もそこそこに、いま思えば実験的な「本屋」を少しずつはじめていた。

けれど、ベストセラーとなった佐野眞一『誰が「本」を殺すのか』（プレジデント社）を読むまでは、まだぼくはただの本屋の客だった。ニュースで「出版不況」とか「若者の活字離れ」と言われても、いつもの本屋に行けば客がいて、本は売れているように見えた。けれどその本を読んではじめて、出版流通の全体像と、そこに内在している問題点について知り、客ではない側に関心を持つようになる。雑誌づくりに挫折したこともあって、編集の仕事をあきらめはじめていたぼくは、そこから藤脇邦夫『出版幻想論』『出版現実論』（ともに太田出版）や、安藤哲也・小田光雄・永江朗『出版クラッシュ!?』（編書房）などを立て続けに読み、つくる側よりも届ける側に、大きな課題があることを知った。その前後に北尾トロ氏の『ぼくはオンライン古本屋のおやじさん』（風塵社）も読んで、インターネットで古本を売ることができることも知った。これなら自分にもできそうだと思った。Amazonは上陸していたが、まだマーケットプレイスは日本では始まっていなかった頃だ。時代は大きく変化している。若気の至りで、この出版業界を変えるような仕事がしたい、と思うようになっていた。

就職して二か月でドロップアウト

出版業界を変えるには、内側に入り込んではいけないとも思った。仮に狭き門を突破して入り込むことができたとしても、一年目の新入社員がそれを内側から変えるなんて、何十年かかるかわからない。そのくらい硬直した業界だということも、奇しくも本が教えてくれていた。

それで、やや外側から出版業界に関わるような会社がないかと探した。見つけたのは大手の国際見本市の主催会社。出版社がブースを出す見本市を開催していて、当時の自分にはそれは、出版業界に風穴を空ける取り組みのように感じられた。ここしかないと心に決めて入ったのだが、結局二〇〇三年四月に入社して、同年六月半ばには退社することになる。理由をことばにするのは難しいが、自分の理想はあまりに大きく、並行して理想に近づくにはあまりに激務だった。そしてなにより、自分が会社に向いていなかった。

学生の頃に活動していた仲間の中には、まだ大学や大学院にいる者もいた。とりあえず、インターネットで古本が売れる、と知っていたのは大きかった。当時二三歳。第二新卒の年齢制限はだいたい二五歳で、それまでまだ二年ある。とにかく三年は諦めず、同じ会社に勤めろという人もいたが、なんの根拠もないように思えた。しばらくアルバイトで食べていきながら、とりあえずできることからはじめてみて、二年間で何のきっかけもつかめなければ、もう一度就職活動しよう。そう決めて、辞めるなら早いほうがよいだろうと結論した。

フリーターとフリーランスの間で

とはいえ、ぼくも最初からいきなり、本の仕事で食べていけるとは思わなかった。会社を辞めて最初は撮影隊の運転手、次にコールセンターでクレームの処理、その後小さな広告代理店でウェブサイトやバナーの制作、とお金のよいアルバイトをいろいろと渡り歩きながら、並行して東京・千駄木にある「往来堂書店」のアルバイトスタッフとして、四年ほど働くことになる。「文脈棚」で知られる、全国的に有名な小さな書店だ。その傍らで、まだ学生だった仲間と一緒に「ブックピックオーケストラ」という古本ユニットをつくって活動した。

ちょうど会社を辞めたタイミングで面白い物件に住んでいた友人が留学することになり、後を継ぐ住人を探していた。都電荒川線沿いの、荒川遊園地前という駅が最寄りの、とても広い物件だった。このうちのひと部屋にぼくが管理人として住みながら、友人やその友人が出入りして様々に利用する多目的なスペースとして運営した。「アパートを編集する」というコンセプトで「モデルルーム」と名づけ、「ブックピックオーケストラ」の在庫を置きつつ、毎月飲み会を行ったり古本を売ったり、いろんな用途で場所を貸したりしていた。貧乏だったが、みんながいろいろ食べ物を持ち寄ってくれるので助かった。

当初、ぼく以外のメンバーはみな学生で、ぼくだけがフリーターだった。なるべくいろんな場所に顔を出し、本に関わる仕事ならなんでもやりますと言っていたおかげで、少しずつフリーランスとしての仕事を回してもらえるようになる。後藤繁雄氏のスクールを本にした『僕たちは編集しながら生きている』（マーブルトロン／増補新版・三交社）に卒業生として掲載いただいたことをきっかけに、出版社のマーブルトロンから取材やテープ起こしの仕事をもらったり、当時NTT出版にいた現ミシマ社の三島邦弘氏の編集する本の素読みを手伝ったり、ポプラ社にいた友人が新雑誌のバナー広告をデザインする仕事を回してくれたり、とにかくそうやって出版業界の隅っこで、人から人に紹介してもらい、頼まれれば何でもやるというスタンスを続けた。少し文章が書けて、簡単なデザインやHTML/CSS のコーディングができる、若くて便利なフリーランスが、当時はいまより希少だったのだと思う。アルバイトを少しずつ減らしながら、そういう仕事を増やしていった。その途中で二五歳を迎えていたが、第二新卒として就職活動をするのはやめた。先は見えなかったが、なんとかやっていける気がした。

自主的な活動のほうも、何でもやっていた。学生時代のクラブイベントがきっかけで誕生した「ニギリズム」という創作おにぎりのケータリングユニットをやったり、友人が立ち上げた影絵の劇団を手伝ったり、本をモチーフにしたアート作品の制作を手伝ったり、その他さまざまな同世代の友人たち、そのまた友人たちの活動に携わった。割のよい仕事に絞り、週三日くらいで最低限の生活費を稼ぎながら、大半の時間はそれらの自主的な、どうなるかもわからない活動に割いた。

当時はどれが何の役にたつかなど考えなかったけれど、どこに所属するでもなく何者かもわからない、貧乏で先が見えなかったこの二〇〇三年から二〇〇七年くらいまでの間に、同じくさまざまな分野で模索している同世代の人たちと過ごしたことが、いまの自分をつくったと思っている。その間に「ブックピックオーケストラ」が活動の中心となっていき、後にひとりで「NUMABOOKS」を名乗ることになる。

本と人との出会いをつくる仕掛け

ぼくが会社を辞めた二〇〇三年六月、「ブックピックオーケストラ」は、本と人との出会いを生み出すユニットとして、まずは三人で活動をはじめた。いわばサークル活動のようなアートユニットのような有志の集まりで、学生時代の仲間を中心にして、少しずつメンバーが増えていった。

まずはウェブサイトからはじめた。当時のオンライン古書店は、単に本の目録と写真が載っているだけのようなものが多かった。そこで「古本屋ウェブマガジン」というコンセプトで、一冊の古本を紹介するのにわざわざ撮影に出かけたり対談を収録したり、古本に関するコラムを毎日更新したり、とにかく採算を度外視して、たくさんのコンテンツを詰め込んだ。ウェブマガジンの記事の中で、一冊の古本を売ることをイメージしてもらえばよい。とにかく面白いサイトをつくれば、自分たちもやっていて楽しいし、誰かは注目をしてくれるだろうと考えた。

二〇〇三年七月、結成してはじめての出張イベントのために、最初につくった商品が「文庫本葉書」だ。文庫本をクラフト紙で包んで、表面はいわゆる葉書として宛先とメッセージが書き込めるようになっており、裏面には中身の本の一節を引用した文章が印刷されている。文庫本が入っていることはわかるが中身は見えず、著者名やタイトルなどもわからない。引用を頼りに、新しい本と出会うための商品だ。購入したら自分で開けて読むのもよいし、ポストに投函して誰かへのプレゼントにしてもよい。

本にまつわる情報を、引用という一か所に絞って、それ以外の要素を隠して揃えることで、選びやすくなる。二〇〇四年には北尾トロ氏から声をかけていただいて、「新世紀書店」というブックイベントに参加した。最終的には『新世紀書店』（ポット出版）という書籍になったことで、いまも記録として残っている。

そこでは、情報を推薦者の顔写真と出身地と好きな食べ物に絞った「Her Best Friends」という商品を展開し、約二週間の会期でほぼ完売した。その後も同じ方法論で、本の初版年だけに絞るなど、色々な売り方をした。

二〇〇五年八月には、予約制で入場料制の、「book room [encounter.]」というリアル店舗を持った。本棚に並べられている本は、最初は袋に包まれていて、中身は見えない。客はそこから自由に選んで開けることができる。欲しい本であれば購入できる。しかし、購入しない場合はそのまま元に戻すことはできない。同封されている用紙に、その本をパラパラ眺めて気になった一節の引用と、その本を次に手に取る人のためのメッセージを残すことがルールだ。その紙を本に挟み、袋は外して、もとあった場所に戻す。これを繰り返していくと、最初はどこに何があるかわからなかった店内が、営業するうちにだんだんと袋が開いていき、このあたりがこのジャンルだということがわかるようになっていく。そして袋に入っている本は、まだ誰も出会っていない本であり、袋から出ている本は、過去にこの店に訪れた誰かによる引用とメッセージが入っている本である、ということになる。人から本へ、本から人へ、偶然の出会いを演出する本屋として、二〇〇六年一〇月まで、横浜で運営していた。

二〇〇五年六月には、東京・恵比寿にあるギャラリーを借りて、本に自由に書き込みができる期間限定書店「WRITE ON BOOKS」もオープンした。古本に残された前の持ち主の跡を面白がって拡張するのと同時に、書き込みをすれば大量生産品である本が世界に一冊だけのものになるということを示したいと考えた。

お金にはならなかったが、少しずつ名前が知られていく実感はあった。この頃、どのように本と人とが出会い得るのか、時間も気にせず延々議論をしたことは、その後の自分の活動に確実につながっている。けれど、メンバーが増えていく中で意見の相違も出るようになり、ぼくは徐々に皆をまとめていくことができなくなっていった。二〇〇六年末、実質的なリーダーになっていた川上洋平(かわかみようへい)に、代表をバトンタッチした。それ以降、「ブックピックオーケストラ」の活動は現在まで続いている。「本屋B&B」でも、「文庫本葉書」はいまも人気商品のひとつだ。

ブック・コーディネーターという肩書

二〇〇五年一〇月、東京の原宿・神宮前に「TOKYO HIPSTERS CLUB」がオープンする。アパレル大手のワールドが運営する、一階に洋服と雑貨と本、二階にギャラリー、三階にカフェがあるコンセプトストアだ。その店の本の売場の担当者として、後にぼくが「ブック・コーディネーター」という肩書を名乗るきっかけとなる、選書の仕事がスタートした。

「HIPSTERS」の名の通り、アレン・ギンズバーグやジャック・ケルアックなどビート・ジェネレーションの作家を起点として、カウンター・カルチャーの系譜をたどりながら、現代のヒップスターを描き出すというのが、選書のコンセプトだ。たまたま「新世紀書店」を見に来た担当者から声をかけられたのがきっかけで、この売場をつくる仕事を任せてもらえることになった。たまたま好きでよく読んでいた分野だったので、少しだけ知識もあった。幸運が重なったとしか言いようがないが、この仕事がきっかけで、同社の別のブランドや、別の企業から、少しずつ本の売場やライブラリの選書の仕事がもらえるようになっていく。当初はフリーランスの書店員を名乗っていたが、後に肩書が必要になり、自分で「ブック・コーディネーター」と付けた。屋号も必要となって「NUMABOOKS」とした。名前を売っていかなければならないので、なるべくわかりやすいほうが良いと思った。

本棚がブランディングの道具になると気づいたのはこの頃だ。本は利益率も低く、こうした店では飛ぶように売れるものでもない。けれど、ブランドのコンセプトを表現する壁一面の本棚は、この店の人格をあらわすのに欠かせないものだ。これはブランディングだ、と思った。商品や接客、内装や音楽だけでは細かく伝えきれない文脈を、本棚に並ぶ本の背表紙やビジュアル、そして中身が自然に伝えてくれる。自分が大学で勉強していたことと、仕事が合致した瞬間だった。本棚をつくりたいと相談されるたびに、クライアントにそのことを説明した。アパレル、雑貨、音楽、インテリア、宿泊、住宅、飲食、医療、スポーツ、広告……様々な業界の、異なる企業の人と付き合うことは、出版業界との違いを比較して考える癖にもなって、それが次のアイデアの源となった。

中でも、ディスクユニオンという会社と、二〇一一年に立ち上げた読書用品ブランド「BIBLIOPHILIC」のプロデューサーとしての仕事はずっと続いている。最初はディスクユニオンのCD・レコード店内で、本の売場づくりを依頼されたのがきっかけだったが、いくつかの仕事をご一緒するうちに社長と意気投合し、ブックカバーから本棚まであらゆる「本のある生活のための道具」を扱うブランドを立ち上げる、というアイデアが生まれた。いまや全国二〇〇以上の書店や雑貨屋が卸先で、毎月あたらしい商品がリリースされるようになり、その開発に携わっている。本のたのしみ方についてプロダクトの側から発想することに、他の仕事とは違ったおもしろさがある。

二〇〇八年くらいから、雑誌の本特集や本屋特集にも、編集や執筆やインタビューという形で、色々声をかけてもらえるようになった。また選書以外にも、出版社や電子書籍端末のブランディングやプロモーションなど、本や本屋に関わるコンテンツのディレクションや制作の仕事にも携わるようになる。出版業界の様々な会合に呼ばれたり、顧問契約をして社内の案件を手伝ったりなど、想像もしていなかった方向に仕事が広がっていったのもこの時期だ。二〇〇九年三月には初となる著書『本の未来をつくる仕事／仕事の未来をつくる本』（朝日新聞出版）も上梓した。すべて、自分の仕事を見つけてくれた誰かとの出会いがきっかけだ。

同時に、「ブックピックオーケストラ」の時にやっていたような、実験的な本と人との出会いを生み出す「本屋」としての活動も、ひとりで続けた。二〇〇七年には本好きの美容師が一番好きな本をカットした作品展「本／紙／髪」、二〇〇九年には文庫本とドリンクのセットメニュー「文庫本セット」、二〇一〇年には同じ本を皆で読むＤＪイベント「hon-ne」、二〇一一年には無人の本屋兼インスタレーション「NUMA-BOOKFACE」など、とにかく「お金をもらわない仕事」の手を止めないようにした。クライアントワークだけになってしまうと、求められることに留まってしまう。インターネットのお陰で、話題にしてもらえることも少しずつ増えていった。

ひとつの幸運な仕事がきっかけで、それがあらたな経験と人との出会いを生み出し、また次の仕事につながっていく。毎回初めてのことばかりで、胃が痛くなることも多いけれど、このような仕事が、ずっと現在まで続いている。クライアントワークも自主的な活動も相互につながっているので、そのすべてを「ブック・コーディネーター」という肩書の仕事の範疇であることにしている。

これからの街の本屋

二〇一二年七月、東京・下北沢に「本屋B&B」という、三〇坪の新刊書店をオープンした。二〇一七年一二月、近所に移転して四五坪になった。コンセプトは「これからの街の本屋」。博報堂ケトル代表取締役社長の嶋浩一郎氏と共同で経営している。

嶋氏とは知り合ってすぐに意気投合して、飲みに行ったり仕事をもらったりするようになった。本屋をつくるきっかけになったのは、二〇一一年五月に発売された雑誌『BRUTUS』の「本屋好き。」という特集号の制作にあたって編集部から声をかけてもらい、一緒に参加したことが大きい。東日本大震災が起こり、その直後の時期に、全国の本屋を取材に回ることになった。二〇一一年は、今年こそ電子書籍元年だと言われていた年でもあった。取材しながら、あらためて街の本屋の重要性を互いに感じ、「紙か電子かではなく、すべてを楽しめるのが一番豊かな本の未来に決まっているのだから、そういう時代でも続けられる、小さな本屋の新しいビジネスモデルをつくるべきだ」と、ビールを飲みながら何度も話し合った。

じつは「本屋B&B」は当初、浅草に出店しようとしていた。東京下町の文化が残り、観光客もたくさん訪れる地に、これぞという本屋がないのが狙い目ではないかと考えていた。ところが、共通の知人であり、独立系の新刊書店の先輩であったSPBS代表の福井盛太氏に報告に行ったところ、「二人とも忙しいのだから、頻繁に行ける場所につくるべきだ」というアドバイスをもらったことで方針を変える。互いのオフィスの周辺である渋谷区、世田谷区、港区あたりで物件を探し、見つけたのが下北沢の物件だった。

ビールが飲める、家具を販売する、毎日イベントを開催するというような特徴は、並行して話し合ってはいたが、最終的に決定したのは物件を決めてからだ。ここでならできると思った。下北沢は、東京でも有数の歩いて楽しい街であり、新刊書店は「三省堂書店」と「ヴィレッジ・ヴァンガード」の下北沢店が、古本屋は「古書ビビビ」や「ほん吉」をはじめたくさんの名店が揃っている。特に同じ新品の本を扱う三省堂やヴィレッジとは、違う役割を果たすべきだと考えて選書をしていった。小さな本屋をやるのだから、街全体をひとつの本屋に見立て、巡って楽しいような品揃えにすべきだと考えた。

取次はトーハンが引き受けてくれた。それまでは、案件ごとに仕事を一緒にやる人はいたものの、基本的にはずっと一人で、何をやっても出版業界の外側をぐるぐると回っているような気分だった。けれど「本屋B&B」をオープンして、気がつけばスタッフを抱え、出版流通に乗っている商品を扱う、新刊書店の経営者になっていた。少しずつ、実感をもって業界の内側のことがわかるようになる。それがなければ本書は成立していないだろう。本書が出版されるころには六周年を迎えるが、長いようでまだまだスタート地点にいるような気持ちだ。この地で何十年も続けていけるように、いまも毎日試行錯誤を続けている。

選書から場づくりへ

「本屋B&B」をはじめてから、店を気に入ってくれた人たちからの依頼で、ありがたいことに仕事の幅はさらに広がっていった。そのうちの一つが二〇一四年六月、横浜・みなとみらいの造船ドック跡地に開業した、大人のためのシェアスペース「BUKATSUDO」だ。ぼくはその施設のクリエイティブ・ディレクターとして、施設名称の提案にはじまり、内装を田中裕之建築設計事務所、グラフィックを「groovisions」に依頼して、全体のディレクションを行った。

コワーキングスペースと、時間貸しのキッチンやスタジオなど様々なレンタルスペース、月額契約の「部室」、そしてコーヒースタンドが一体となっていて、あたらしい公民館のような施設ともいえる。利用者に自由に使ってもらうための場所とはいえ、場の空気をつくっていくためには、運営側も継続的にコンテンツをつくっていかなければならない。そこで開業後も、そこで開催される講座の企画に携わることになった。毎日イベントをやっている経験も生きて、開業から今に至るまで続いている。

ぼく自身の講座も、ここで開講している。二〇一三年一二月に、それまでの経験をもとに『本の逆襲』（朝日出版社）という本を上梓したことで、それを読んで実際に本屋をはじめようと考える人に向けた、実践的な受け皿の必要性をちょうど感じていた。そこで二〇一四年八月、「これからの本屋講座」をはじめることにした。いまも続けているその講義の内容が、本書の原点となっている。

「本屋B&B」をつくったことによって増えたのは、店づくり、場づくりに関する仕事だ。もちろんその多くは本屋だ。福岡・天神「Rethink Books」、東京・銀座「EDIT TOKYO」などは期間限定の本屋として直営し、東京・渋谷の「HMV&BOOKS TOKYO（現HMV & BOOKS SHIBUYA）」の立ち上げにも深く携わった。けれど、たとえそこに本がなくとも、イベントや講座やワークショップ、あるいは店や集まる人そのものが、届け方を考えるべきコンテンツであるとすれば、それらはすべて広義の「本」であり、ぼくにとっては「本屋」の仕事として、延長線上にあると考えるようになった。

本を売ることの公共性

二〇一六年一二月、青森県八戸（はちのへ）市に「八戸ブックセンター」がオープンした。市が直営する施設としては珍しく、本の販売を行う公共施設だ。

八戸ブックセンターの開設は、八戸市の小林眞（こばやしまこと）市長による三期目の政策公約として掲げられた、「本のまち八戸」を推進する拠点だ。市長の思いも強く、具体的にどのように実現させるかという段階で声がかかり、二〇一四年以降ディレクターとして、立ち上げの準備から現在まで継続的に携わっている。

市内にも書店はあるが、ビジネスとして成立させるためには、どうしてもニーズがある本を中心とした品揃えになる。人文・社会科学や自然科学、海外文学、芸術などの分野の本は扱いにくく、あまり棚に並ばない。これは八戸市に限らず、多くの地方都市で起こっていることだ。書店の棚に並んでいないということは、そこに暮らす人たちにとって、直接その本を手に取って購入する機会がないということだ。民間のビジネスとして成立しにくく、しかしそれが教育的・文化的観点から提供されるべき機会だと考えると、行政が手がける事業としての公共性があるといえる。

もちろん図書館はある。しかし、図書館の本は共有のものだ。本を生活空間の中に私有し、自由に扱えることとは、体験としての質が異なる。また、インターネット以降、本をめぐる環境が大きく変わってきている中で、書店だけでなく図書館も変化を求められているはずだ。そんな中、「本のまち」を目指す八戸市が、書店でも図書館でもない第三の施設をつくることは、これからの時代の地方都市におけるそれぞれの役割を再定義し、分担をしていくための先進的な取り組みになり得ると考えた。

そのための基本方針として、八戸ブックセンターは「本を『読む人』を増やす」「本を『書く人』を増やす」「本で『まち』を盛り上げる」の三つを掲げている。本が並ぶエリアのほかに、さまざまなスタイルで本を読むことができる読書席や、本にまつわる企画展示を行うギャラリー、市内産・県内産のドリンクを楽しめるカフェカウンターを設けている。また、さらに特徴的な機能として、四面を囲む書棚の隠し扉を押して入る、読書会専用の「読書会ルーム」と、本棚の奥に二部屋ある、市民作家として登録した人だけが使える執筆専用の「カンヅメブース」がある。プログラム面でも、ブックセンター主催の読書会や、本を勧めあう定期イベント「ブック・ドリンクス」、大学や専門学校の先生を招いて本の話を聞く「アカデミックトーク」、本の執筆・出版に関心がある人向けの「執筆・出版ワークショップ」などを開催している。

また、運営するスタッフ面にも工夫がある。八戸ブックセンターで働いているスタッフは、大きく三者に分かれている。市としてどうあるべきかを考えながら施設の管理・運営を行う市の職員、他の地域から移住してきて選書や企画を行う元書店員の嘱託職員、そして発注・陳列・販売などの現場業務を行う、市内に本社がある三つの書店が共同事業を行うために設立したLLPのスタッフ。この三者が一緒に運営することで、嘱託職員が持っているノウハウを市内書店とも共有しながら、市の施設として質の高いサービスを行っていくことを目的とした。

いずれ日本全国の自治体に広がり、本の世界を豊かにしていくような事例になることを願って、いまも毎月八戸市に通い、スタッフと議論しながら運営をすすめている。

インターネット古書店にできること

二〇一七年七月、長野県上田市を拠点に、インターネットで古本のリユース事業を行う「バリューブックス」が創業一〇周年を迎えた。一〇周年記念サイトのキャッチフレーズは「本屋が変われば、世界が変わる。」。ぼくは二〇一五年末より、同社の社外取締役として参画している。

バリューブックスは、常時約二〇〇万冊の在庫を持ち、四〇〇人以上の従業員が、毎日約一万点の古本を買取・販売する、業界大手の一社だ。その一方で、古本をお金に換えて寄付する「チャリボン」や、販売できなかった本を寄付する「ブックギフトプロジェクト」など、リユース事業を核にしながら、社会に還元する取り組みを行っている。また、二〇一五年一月には上田市にリアル店舗「NABO（ネイボ）」をオープンし、同じ地域に暮らす人たちに豊かな本との出会いを提供すべく活動している。

きっかけは、社長の中村大樹が「これからの本屋講座」に受講生として参加してくれたことだった。自分たちの商品である本を生み出す出版業界に対して何らかの還元をしたり、既存の枠組みを超えて人々に本を届けるための新しい可能性を探ったりするにあたり、力を貸してほしいということで、声をかけてもらった。彼が語ってくれたビジョンに心から共感し、喜んで仲間に加わることにした。

以降、バリューブックスはいくつかの新しい取り組みをスタートした。その一つである「バリューブックス・エコシステム」は、古本の利益の一部を出版社に還元するプログラムだ。市場で値崩れしにくい、長く読み継がれている本をつくっている出版社と、バリューブックスにおけるリユース率を基準にパートナーシップを組み、よりよい本の循環を起こしていくことを目指している。また、「ブックバス」はその名の通り、古本を載せて走るバスだ。移動図書館車として使われていた車を改修し、本屋のない自治体やブックイベントなどを中心に、全国各地に本を届けている。

ぼくはこれまで、ずっと小さなチームで動いてきた。けれどバリューブックスに加わってからは、同じ志を持つ仲間が一気に増え、よりダイナミックな動きの中で、会社として取り組むことに挑戦できるようになった。まだまだ道半ばのことも、手をつけられていないこともたくさんある。これからの動きに期待していただきたい。

出版社をはじめた

二〇一七年、「NUMABOOKS」として出版事業をはじめることにした。理由は三つある。

一つ目は、一五年近く仕事を続けていくなかで、「この人の本を出したい」と思う人との出会いが増えていたこと。二つ目は、選書の仕事をしていく中で「こんな本があったらいいのに」「この本はもう少しこうだったらいいのに」と気づく機会が多くなったこと。

そして三つ目は、出版社の側からしか見えない世界があるはずだということだ。それまでも本づくりに携わる機会は何度かあった。けれどそれらの機会も含め、それまで出版社の人と話してきたアイデアも、実際には実現しないことが多いと感じていた。その背後にはきっと、新刊書店の経営をして初めてわかったことがあるように、編集者の側、あるいは出版社を経営する側にきちんと回らないと、実感を持って理解できないことがあるはずだと考えた。

実際にこの一年、著者やデザイナーとやり取りをしたり、自社に対して提示された印刷の見積を見たり、流通上の細かなハードルにぶつかったりすることで、今までわかったつもりであったことが、実際には全然わかっていないことばかりであったことを、日々痛感している。

けれどそれでも何とか、出会うことができた素晴らしい著者とその作品を、できるだけその内容にふさわしい形にしたい。それは編集や装丁や造本だけではなく、どのように人の手に届けるかという流通や話題づくりまでのことを含む。細部までこだわった編集やデザイン、インターネットの時代にふさわしい流通や話題づくり、既存の流通や書店店頭での常識的に実現できないとされてきた造本や価格。ほんの一か所でも、そうした既存の常識や制約を越えていくような本づくりを心がけて、これまで四冊の本をつくっている。

吉田昌平『新宿（コラージュ）』では、全体が真っ白の簡素なようで豪華な仕様にこだわり、先行発売を何段階かに分けて話題づくりをして、最初のプラットフォームとしてクラウドファンディングを使った。

Rethink Books編『今日の宿題』では、期間限定の店づくりと合わせて編集のプロセスを考え、また自社限定発売とすることで、挑戦的な造本や価格を実現した。

菅俊一『観察の練習』では、直感的に違和感のあるサイズや、通常では避けられるような読みにくいタイトル文字など、造本やデザインに徹底的にこだわった。

佐々木大輔『僕らのネクロマンシー』は、三五〇部限定の特装版で、小説にして参考価格は一万三五〇〇円、時価でだんだん値段が上がっていくという価格設定を直販で実現した。それぞれ、他にも小さなこだわりや、これからはじめる仕掛けがたくさん詰まっている。もちろん実現したくてもできなかったこともある。

　これからも様々なことにチャレンジしながら、一冊ずつの本を通じて、読者の方々に新しい体験を提供する出版社であり続けたいと思っている。

東アジアが最先端かもしれない

　二〇一七年九月、中国の四川省・成都市で行われた「成都国際書店論壇」にパネリストの一人として招聘された。世界中から書店経営者を招き、未来を話し合うというもので、中国の先進的な大型書店「方所」が主催している。そこで感じたのは、世界中どこでも近いことが起こっていて、程度の差こそあれ、語られる前提とそれに対する手段は、かなりの部分が共通しているということだ。

　インターネット以降のリアル書店は、リアルの場があるからこそできること、ネット書店にはできないことをやらなければ生き残れない。検索ではたどり着けない、本との偶然の出会いを生み出したい。本と関連するさまざまなものを併売し、カフェやギャラリーやその他さまざまな業態を併設し、作家と直に出会えるイベントや、地域にコミュニティを生み出す読書会や読み聞かせ、ワークショップや音楽ライブ、その他あらゆる催しを行う。文化的な空間として、書店ならではの価値を生み出して生き延びていく。おおよそ、そういう日本にいても語られる話に溢れていた。がっかりしたともいえるし、安心したともいえて、当たり前であるような気もしつつ、やはり不思議だと感じた。その事実を確認できたことと、世界中に訪ねていける書店主とのつながりができたことが、大きな収穫だった。

　二〇一六年六月、前著『本の逆襲』の韓国語版が出版されたことがきっかけで、トークイベントに呼んでいただき、同書の編集者である綾女欣伸氏とソウルに行った。日本の本屋に詳しく、旧知の友人であったジョン・ジヘ氏と、韓国語版の編集者であるムン・ヒウォン氏に案内してもらい、ソウルの本屋を巡った。そこでぼくと綾女氏は、そのあまりのスピード感と実験精神、溢れるアイデアに驚くことになる。帰りの空港で、この驚きを本にしようと決め、一年後の二〇一七年六月に共著として『本の未来を探す旅 ソウル』(朝日出版社)を上梓した。

成都に招かれたのはちょうどその直後で、綾女氏も同行した。そこでぼくたちは、東アジアの小国にこそ、未来へのヒントが潜んでいるかもしれないという仮説を抱くに至った。世界中から成都に集まった本屋のプレゼンテーションよりも、そこに招かれていないソウルの本屋に聞いて本にしたばかりの話のほうが、自分たちには新鮮で、最先端であるかのように感じられたからだ。

韓国の出版業界は、日本と同じかそれ以上に厳しい状況にある。彼らの言葉を借りれば、それは既に一度「崩壊」しているという。韓国は人口が五〇〇〇万人程度で日本の半分以下、一方でソウルの人口は約一〇〇〇万人で東京とほぼ同等だ。高度な情報や知識を求める層は、どちらも都市部に集中している。そして使用されている言語の壁が大きく、ほぼ自国内でしか出版活動が成立しない。そう考えると、英語圏や中国語圏、スペイン語圏などと比べて印刷できる部数が少ないぶん、相対的にみて出版業界の危機はより深刻だといえるのではないか。そして、深刻度が高いからこそ、それでも「本屋」をやろうという人のアイデアは、独自のものになりやすいのではないかと考えた。

もちろん短いプレゼンテーションと、じっくりと聞くインタビューでは違うだろう。あくまで思いつきの仮説にすぎず、実際には世界中を取材してみないとわからない。けれど、もしその仮説がある程度正しければ、いま東アジアの出版事情を紹介することは、まだ見ぬ世界の「本屋」仲間たちに、いつか役立つ知恵となるのではないか。そのような前提で、ぼくと綾女氏は続編の刊行に向けて、二〇一八年三月から四月にかけて台湾・台北の本屋を取材して回った。その間に『本の未来を探す旅 ソウル』の韓国語版も出版された。自国向けには語られないことまで取材できるのが逆輸入の強みで、日本から見たソウルの本屋像は、韓国の人々にも好意的に受け入れられているようだ。台北は台北でソウルとは違った発見があった。今後はこの仮説を軸に、世界の「本屋」と交流を深めながら、次なる活動に進んでいきたいと考えている。

ぼくはこれまで、自分の仕事は「本と人との出会いをつくる仕事」だと説明してきた。中身はまったく変わらないが、これからはそれを「世界に本屋を増やす仕事」と言い換えることにした。

「本屋B&B」がある下北沢を中心に、毎月通っている八戸や上田、最近関わることになった神保町、たくさんの同士がいるソウルや台北、そのほか今後縁をいただくあらゆる地域を拠点としながら、まず自分自身が「本屋」としての実践を繰り返していく。とはいえ、ひとりの人間、小さなチームにできることは限られている。よって、その実践から得た知見はそのたび、これからの「本屋」に広く伝えていく。その往復を主な仕事としていくという誓いを込めて、そのように言い換える。本書自体をその意図で、なるべく自分の分身として、触媒として作用するように書いたが、道に迷ったら直接「これからの本屋講座」をはじめ、自分のいる場所に訪ねてきてほしい。

いま自分が理解している範囲で、できるだけ全体像を、紙幅の許す限り詳細を、と書き進めていった性質上、すでに「本屋」として活躍している諸先輩方には前著同様、随分と大上段に構えた、生意気な本になってしまったことをお断りしておく。ぼくが読者として想定しているのはあくまで、これから「本屋」になろうという人、あるいはいま「本屋」としての迷いを抱えている人たちであることを念頭に、ご容赦賜りたい。とはいえ認識に誤りがあればぜひご指摘いただきたく、お叱りも受ける覚悟で上梓させていただく。

粘り強く、考え得る限り最高の本に仕上げてくれた編集の白川貴浩氏をはじめ、力を貸してくださった次ページに続く皆様と、長期にわたる執筆を支えてくれた妻、その間に生まれた息子に心からの感謝をしつつ、この世界に「本屋」を増やす一助となることを願って、本書はここで終わる。

あなたも「本屋」に！

二〇一八年　五月　下北沢にて　内沼晋太郎

手書き数字

1：堀部篤史　誠光社
2：中川和彦　STANDARD BOOKSTORE
3：笈入建志　往来堂書店
4：辻山良雄　本屋 Title
5：奈良敏行　定有堂書店
6：大井実　ブックスキューブリック
7：田口幹人　さわや書店
8：古田一晴　ちくさ正文館書店
9：森岡督行　森岡書店
0：福井盛太　SHIBUYA PUBLISHING & BOOKSELLERS

ブックデザイン　佐藤亜沙美
カバーイラスト　鈴木哲生
本文イラスト　芦野公平
図版作成　原清人
校正　牟田都子
組版　天龍社
編集協力　加藤優、辻本力、松井祐輔
編集　白川貴浩

Special Thanks　天笠美玲、池田真理子、大塚小容子、熊坂紗里、佐藤彩子、田邊阿依美、安村正也、原口聡子、村松哲哉、村上雄太、力徳裕子

内沼晋太郎

うちぬま・しんたろう

ブック・コーディネーター／クリエイティブ・ディレクター。一九八〇年生まれ。一橋大学商学部商学科卒（ブランド論）。本にまつわるあらゆるプロジェクトの企画やディレクションを行う「NUMABOOKS」代表。二〇一二年、ビールが飲めて毎日イベントを開催する新刊書店「本屋B&B」を、株式会社博報堂ケトルと協業で東京・下北沢に開業。その後、福岡・天神に「Rethink Books」、東京・銀座に「本屋EDIT TOKYO」などの期間限定店をオープンするほか、青森県八戸市の公共施設「八戸ブックセンター」、東京・神保町の「神保町ブックセンター」など、全国であらゆる本屋をプロデュース、ディレクションしている。東アジアを中心とした出展者が集まるブックイベント「ASIA BOOK MARKET」の実行委員、読書用品ブランド「BIBLIOPHILIC」の商品開発などもつとめる。広い意味での「本」を扱う人＝「本屋」をめざす人のための講座「これからの本屋講座」主宰。インターネットで古本の買取・販売を行う、株式会社バリューブックス社外取締役。著書に『本の逆襲』（朝日出版社）、『本の未来をつくる仕事／仕事の未来をつくる本』（朝日新聞出版）、共著に『本の未来を探す旅 ソウル』（朝日出版社）がある。

これからの本屋読本

２０１８年５月30日　第１刷発行
２０２４年４月５日　第６刷発行

著　者　内沼晋太郎

発行者　松本浩司
発行所　ＮＨＫ出版
〒１５０-００４２
東京都渋谷区宇田川町10-3
電話　０５７０-００９-３２１（問い合わせ）
　　　０５７０-０００-３２１（注文）
ホームページ　https://www.nhk-book.co.jp
印　刷　近代美術
製　本　ブックアート

Printed in Japan　ISBN978-4-14-081741-4 C0095